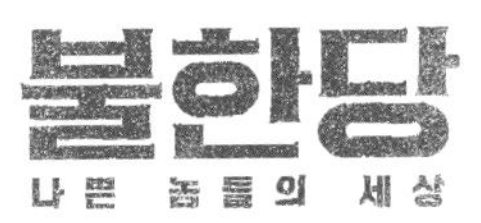
불한당
나쁜 놈들의 세상

불안당

일러두기

- 스토리보드는 일부 장면과 일부 컷을 발췌하여 수록합니다.
- 시나리오와 스토리보드의 씬 번호, 대사와 지문 등은 동일하지 않습니다.
  다만 이해를 돕기 위해 같은 내용을 담고 있는 장면의 경우,
  시나리오와 스토리보드의 씬 번호를 일치시킵니다.
- 대사와 지문의 일부 표기와 맞춤법은 작가의 의도를 따릅니다.

용어 설명

Boom DOWN 위에서 아래로 카메라가 가라앉는 촬영 기법.

Boom UP 아래에서 위로 카메라가 떠오르는 촬영 기법.

CA 카메라.

CA-Follow 카메라가 따라가는 촬영 기법.

CAM OUT 카메라가 빠지는 촬영 기법.

D 낮 촬영.

Dissolve 이중노출 형식의 화면전환 방식.

Focus(Fc.) IN 초점이 흐린 화면에서 선명한 화면으로의 전환.

Focus IN-OUT 카메라 포커스링을 앞의 인물과 주변인물의 거리에 맞추어 이동.

Focus(Fc.) OUT 초점이 선명한 화면에서 흐린 화면으로의 전환.

Focus Play 포커스 이동(예를 들어, 병갑과 재호 투샷 장면의 경우 병갑에게 가 있는 포커스를 재호에게로 옮기며 무빙하는 것).

Follow 피사체의 움직임에 맞추는 촬영 기법.

Follow DOWN 피사체의 움직임에 따라 아래로 이동하는 촬영 기법.

H.H 핸드헬드 촬영 기법.

INSERT 삽입장면.

L 로케이션 촬영.

N 밤 촬영.

O 오픈 세트 촬영.

OPTION 옵션.

PAN 카메라의 상하좌우 움직임.

S 세트 촬영.

Tilt DOWN 피사체의 위부터 아래까지 이동하는 촬영 기법.

Tilt UP 피사체의 아래부터 위까지 이동하는 촬영 기법.

TRACK(TR.) 피사체가 좌우로 움직일 시 카메라도 함께 좌우로 이동하는 촬영 기법.

TRACK IN 움직이는 피사체를 향해 다가가는 카메라워크.

TRACK OUT 움직이는 피사체에서 멀어지는 카메라워크.

W 새벽 촬영.

▸ 용어는 스토리보드에 나온 대로 표기하고, 알파벳순으로 나열합니다.
▸ 용어 설명은 영화 제작사에서 작성한 내용입니다.

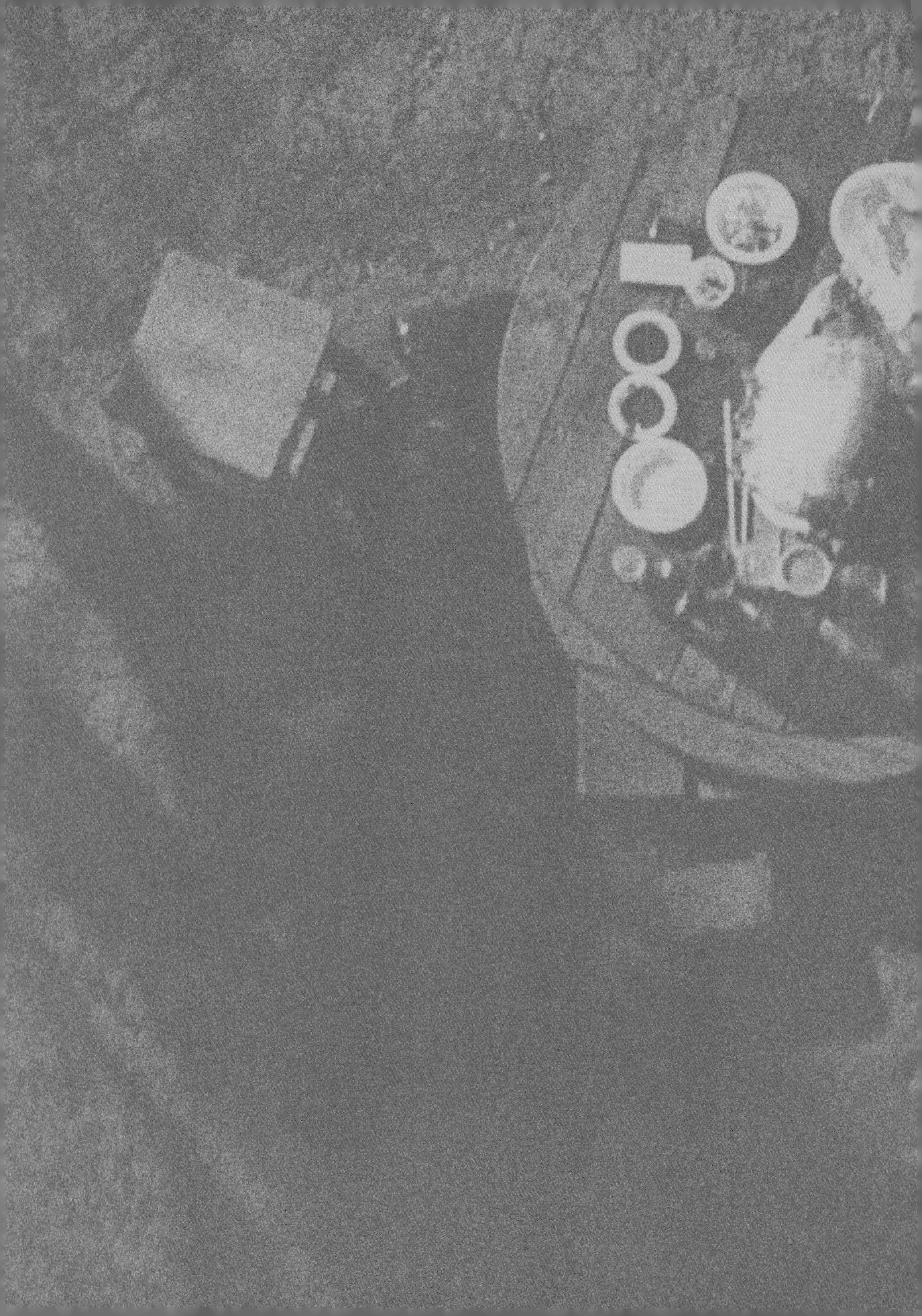

S#
001

S#001

항구 하역장

D / L　　CUT 7

죄의식에 대해 이야기하는 병갑과 승필. 그러다 만난 니콜라이, 총으로 승필을 쏜다.

정박한 낡은 러시아 선박에서 수산물을 하역하는 한국과 러시아 선원들. 고된 작업을 하는 선원들 사이로 깔끔한 고급 정장 차림의 승필과 가죽 재킷 차림의 병갑이 테이블을 두고 마주 앉아 대화를 나누고 있다. 생선회를 먹고 있는 승필을 바라보며 입을 여는 병갑.

병갑　너 생선 좋아하냐?

승필　맛나지. 생으로 먹어도, 구워 먹어도, 끓여 먹어도 맛나지.

병갑　어우~ 야만적인 새끼. 난 생선은 절대로 안 먹어.

승필　왜?

병갑　생선 이 개새끼들은 죽어서도 눈을 뜨고 있잖아. 심장이 뛰는 인간이라면 그 눈을 보고 죄책감이 들어야 정상이거든. 나는 생선이랑 눈 마주치면 자꾸 나한테 뭐라고 하는 것 같아.

승필　그럼 멸치는 어떻게 생각해? 상무님, 멸치는 드시잖아.

병갑　멸치는 괜찮아.

승필　멸치도 생선이야. 그 새끼들도 다 눈알이 있는데.

병갑　작아서 잘 안 보이잖아. 그게 중요한 거지. 나는 사람 작업할 때도 절대 눈을 안 봐요. 근데 한재호 그 새끼는 좀 달라. 쑤시고 썰고 자를 때도 꼭 눈을 본단 말이지.

S#001

항구 하역장 D / L CUT 7

죄의식에 대해 이야기하는 병갑과 승필. 그러다 만난 니콜라이, 총으로 승필을 쏜다.

승필 고상무님은 한재호 이사 얘기할 때
보면 참 신나 보여.

병갑 걘는 이 일에 특화돼 있거든.
죄의식이라는 게 없어. 생선도 존나게 잘 먹어.

그때, 저 뒤쪽에서 짐을 든 러시아 선원이 승필과 병갑에게 손을 흔들며 소리 지른다. 멈춰 서는 승필과 병갑, 뒤돌아서 같이 손을 흔든다.

병갑 (손을 흔들며) 어이! 니꼴라이!!

짐을 내려놓고 병갑과 승필에게 걸어오는 러시아 선원. 승필과 병갑은 멈춰 선 채로 러시아 선원을 등지고 담배에 불을 붙이며 이야기를 나눈다.

승필 쟤가 이름이 니꼴라이였나?

병갑 러시아 새끼들은 이름이 존나 길잖아. 그래서 우린
남자는 니꼴라이, 여자는 나타샤로 통일이야.

승필 (갸웃거리며) 니꼴라이보다는
세르게이가 더 낫지 않아?

병갑 그건 니 좆 꼴리는 대로 하시고. 내가 어디까지
얘기했냐? 아 맞다, 죄의식! 근데 이 죄의식이 꼭 나쁜
건 아니야. 죄의식이라는 게 작업 방식을 발전시켰단
말이야. 봐라? 석기시대 때는 돌로 사람을 쳐 죽였을
거고 청동기 시절엔 칼이나 도끼, 21세기는 우리도
점점 총으로 가야 돼. 이 총이라는 게 마음속에서
죄책감을 상당히 덜어주거든.

승필 (찌푸리며) 하고 싶은 말이 뭐야? 말에 요점이…

승필의 말이 끝나기도 전에 어느덧 다가온 러시아 선원이 승필의 뒤통수에 '탕!' 총을 갈긴다. 이마에 구멍이 난 채 툭 쓰러지는 승필. 순간 경쾌하고 위트 있는 리듬의 음악이 서서히 깔린다. 쓰러져 있는 승필을 내려다보는 병갑, 러시아 선원에게 총을 건네받는다.

병갑 (총을 품 안에 넣으며) 가라쇼(잘했어), 니꼴라이!

카메라가 위로 올라가면 머리에서 피를 뿜어내며 쓰러진 승필을 러시아 선원이 끌고 나간다. 승필이 끌려나가며 땅에 발라지는 피. 그런 승필을 빤히 바라보던 병갑.

S#001

항구 하역장 D / L CUT 7

죄의식에 대해 이야기하는 병갑과 승필. 그러다 만난 니콜라이, 총으로 승필을 쏜다.

병갑, 테이블 위에 놓인 생선을 보고는 깻잎으로 눈을 가린다.

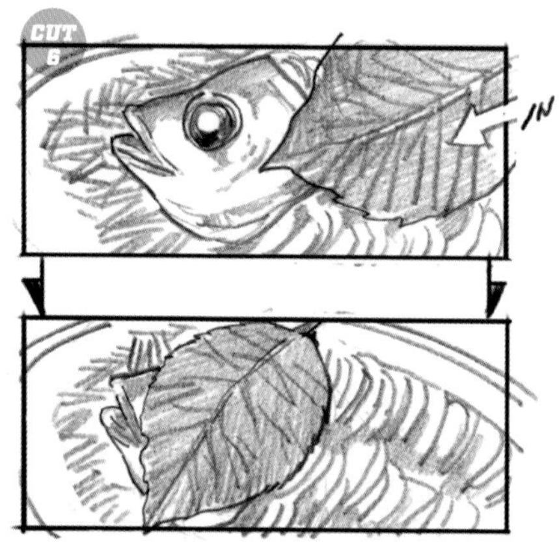

생선의 눈을 가리는 깻잎.

화면이 넓어지면 하역장의 모습이 넓게 보인다.
아무도 승필이 쓰러진 것에
신경 쓰지 않고 각자 할 일을 하고 있다.
서서히 암전, 그 위로 뜨는 붉은 활자의 타이틀.

불한당

S#
003

S#003

교도소 – 정문 앞 D / L CUT 17

출소하는 현수를 마중 나온 재호. 혼자가 아니다.

CUT 1

스포츠카에 누워 자고 있는 재호.

CUT 2

교도소 문 열리는 소리가 나자 한번 씩 웃고는 다시 자는 척을 하는 재호.

CUT 3

교도소를 나온 현수. 무언가를 발견한 표정을 짓는다.

CUT 4

현수의 시점으로 보이는 재호의 차.

CUT 5

넓은 화면으로 보이는 재호의 차로 걸어가는 현수.

S#003

교도소 – 정문 앞 D / L CUT 17

출소하는 현수를 마중 나온 재호. 혼자가 아니다.

재호의 차로 걸어가는 현수. 옆으로 재호의 부하들과 차들이 일렬로 늘어서 있다.

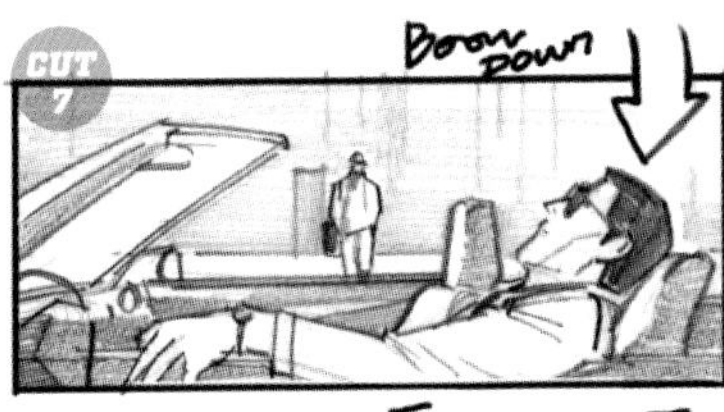

차에서 자는 척을 하는 재호와 차로 걸어오는 현수의 모습.

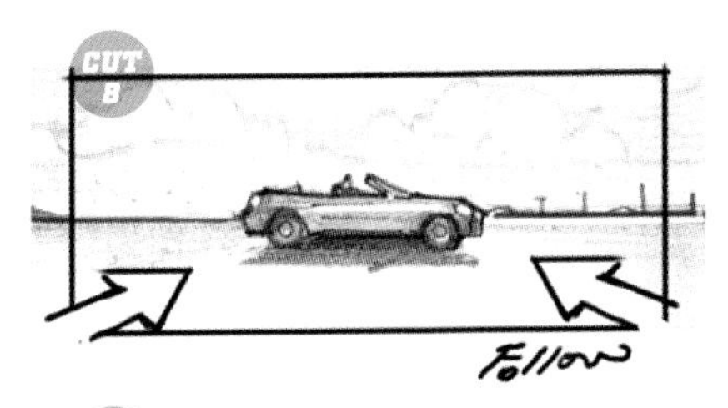

차로 다가오는 현수의 시선.

차 앞에 선 현수. 재호에게

현수 뭐야. 촌스럽게 병풍은 왜 달고 와요.

재호가 기지개를 펴며 몸을 일으키고 말한다.

재호 원래 인마, 가오는 클래식하게 잡는 거야.

S#
005

S#005

오세안무역 - 병철 사무실 D / S CUT 49

신경전을 벌이는 천팀장과 병철. 병갑이 화를 내는 동시에 들어오는 재호와 현수. 그들의 만남.

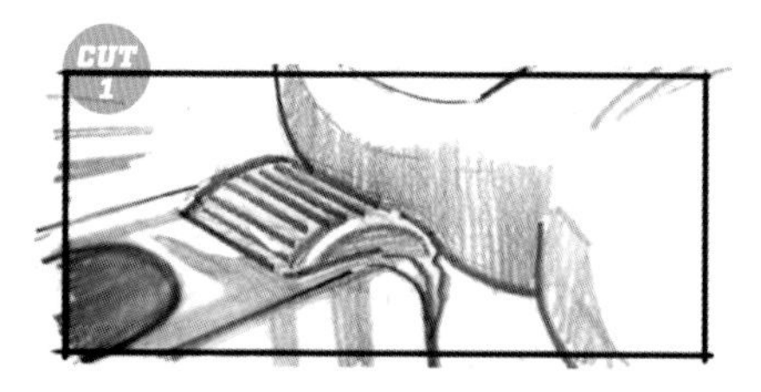

탁 소리와 함께 켜지는 라이터.

라이터 불에 담배를 붙인다.

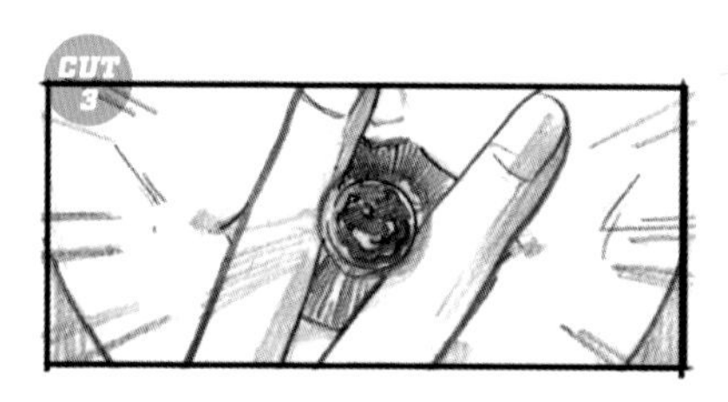

담배를 깊게 빨아 들이는 천팀장.

후~ 하고 담배연기를 뱉는 천팀장. 화면이 멀어지면 천팀장의 얼굴이 보인다.

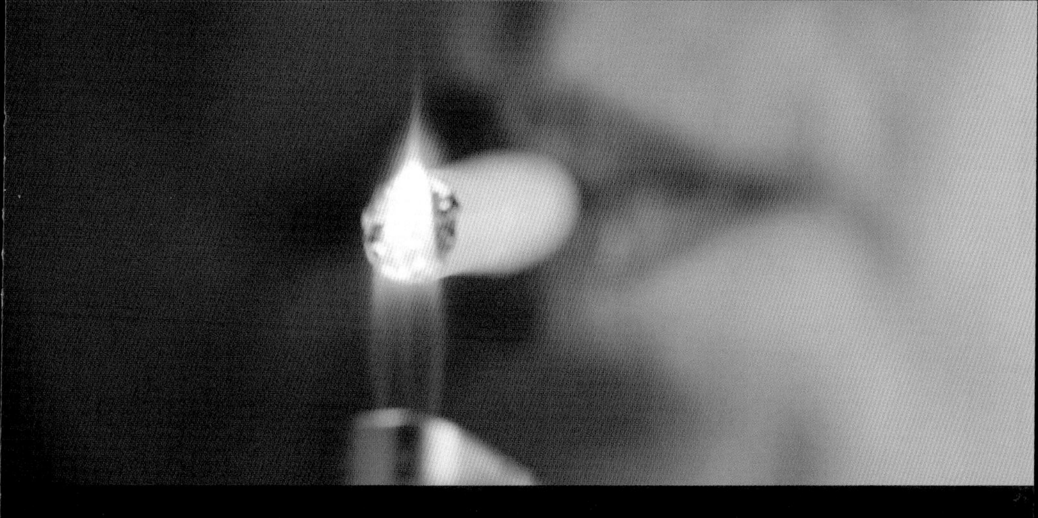

S#005

오세안무역 – 병철 사무실 D / S CUT 49

신경전을 벌이는 천팀장과 병철. 병갑이 화를 내는 동시에 들어오는 재호와 현수. 그들의 만남.

숟가락으로 캐비아를 뜨고 있는 병철.

병철 내가 세상에 태어나서 존경하는 여성이 딱 하나가 있는데

병철 그게 우리 천팀장님입니다.
특히 그 집요함.

캐비아가 담긴 접시를 들고 천팀장 쪽으로 가는 병철.

핸드폰 게임을 하는 병갑을 지나치는 병철.

오세안무역 – 병철 사무실

D / S　　CUT 49

신경전을 벌이는 천팀장과 병철. 병갑이 화를 내는 동시에 들어오는 재호와 현수. 그들의 만남.

병철　우리 법무팀 애들은 팀장님 때문에 피해본 돈, 시간, 산술적으로 헤아려서 배상 청구하라고 하는데, 내 따끔하게 한마디 했어요.

S#005

오세안무역 – 병철 사무실 D / S CUT 49

신경전을 벌이는 천팀장과 병철. 병갑이 화를 내는 동시에 들어오는 재호와 현수. 그들의 만남.

CUT 9

병철 어른 남자가 어린
기집애가 놀잔다고
같이 뒹굴면 그거
강간이라고.

병철, 데스크에 걸터앉아
천팀장을 내려다본다.

CUT 10

손에 든 캐비아 그릇을
내려놓으면 그 옆에 투명하게
빛나는 사무실 명패.
'회장 고병철'.

CUT 11

천팀장 대한민국은 땅덩이도
좁은데, 참 회장들
많다.

오세안무역 - 병철 사무실 D / S CUT 49

신경전을 벌이는 천팀장과 병철. 병갑이 화를 내는 동시에 들어오는 재호와 현수. 그들의 만남.

소파에 앉아 핸드폰 게임을 하고 있는 병갑과 그 옆에 서 있는 방개와 똘마니.

화면이 넓어지면 병철 사무실의 전경이 보인다.

천팀장 난 우리 고회장님한테 사적인 감정 같은 거 없어요. 그냥 내가 하는 일이 회장님 같은 뼁쟁이 새끼들 잡는 거고.

천팀장을 보는 병철.

천팀장 그래야 나라에서 돈을 주고, 승진도 하고. (미소) 좀 도와주세요.

S#005

오세안무역 - 병철 사무실 D / S CUT 49

신경전을 벌이는 천팀장과 병철. 병갑이 화를 내는 동시에 들어오는 재호와 현수. 그들의 만남.

CUT 17

병갑 에헤, 그러려면 제대로 수사를 해서 증거를 가져오시라니까.

CUT 18

뒤에 있는 병갑의 말에는 신경도 쓰지 않고 병철만 바라보는 천팀장. 병철, 데스크 위에 있는 접시에서 두 손가락으로 캐비아를 듬뿍 찍어 빨아 먹는다.

CUT 19

캐비아를 찍어 빨아 먹는 병철의 입.
(병철의 약지가 뭉툭하게 잘려나가 있다)

CUT 20

그 모습을 역겨운 눈초리로 바라보는 천팀장.

S#005

오세안무역 - 병철 사무실

D / S　　CUT 49

신경전을 벌이는 천팀장과 병철. 병갑이 화를 내는 동시에 들어오는 재호와 현수. 그들의 만남.

CUT 21

다시 접시에 있는 캐비아를 손으로 찍는 병철.

CUT 22

그 모습을 바라보는 천팀장.

CUT 23

병철　(맛을 음미하며) 이게 벨루가 캐비아라고, 러시아산인데… 이 정도면 우리 팀장님 월급은 될 겁니다. 맛 좀 보실랍니까?

CUT 24

천팀장의 얼굴 앞으로 내민 병철의 손가락. 병철을 바라보는 천팀장.

오세안무역 – 병철 사무실 D / S CUT 49

신경전을 벌이는 천팀장과 병철. 병갑이 화를 내는 동시에 들어오는 재호와 현수. 그들의 만남.

손가락을 까닥까닥하는 병철.

굳어 있는 얼굴로 병철을 바라보다 웃음을 터뜨리는 천팀장.

천팀장 (웃음) 성희롱을 손으로밖에 못 하시네. 언제부터 좆이 안 꼴리셨어요?

천팀장을 바라보는 병철.

천팀장의 뒤에서 벌떡 일어서는 병갑.

병갑 이런 씨발년이!

그때, 노크 소리와 함께 문이 열리면 들어오는 재호, 그 뒤로 현수.

S#005

오세안무역 – 병철 사무실 D / S CUT 49

신경전을 벌이는 천팀장과 병철. 병갑이 화를 내는 동시에 들어오는 재호와 현수. 그들의 만남.

재호 팀장님이 와 계셨네?

뒤돌아 보는 천팀장.

병갑을 스쳐 천팀장에게 걸어가는 재호와 현수.

재호 와~ 더 아름다워지셨다.

S#005

오세안무역 – 병철 사무실 D / S CUT 49

신경전을 벌이는 천팀장과 병철. 병갑이 화를 내는 동시에 들어오는 재호와 현수. 그들의 만남.

그 모습을 바라보는 천팀장.

담배를 캐비아 접시에 비벼 끄고는 일어선다. 그 모습을 바라보는 병철.

오세안무역 - 병철 사무실 D / S CUT 49

신경전을 벌이는 천팀장과 병철. 병갑이 화를 내는 동시에 들어오는 재호와 현수. 그들의 만남.

일어서서 재호를 바라보는 천팀장.

재호 (천팀장을 바라보며 미소)
오랜만입니다.

천팀장, 이를 외면하고는 뒤에 있는 현수에게…

천팀장 뉴 페이스네. 넌 정체가 뭐야?

현수 아줌마 나 알아요? 면도 안 텄는데 반말로
훅 들어오시네.

천팀장 (어이없다는 듯 웃고는) 하아, 미치겠다
진짜.

S#
006

S#006

교도소 - 재소자 식당 D / O CUT 81

짝짝이 대회에서 재호와 현수의 첫 만남. 거침없는 현수의 모습을 맘에 들어하는 재호.

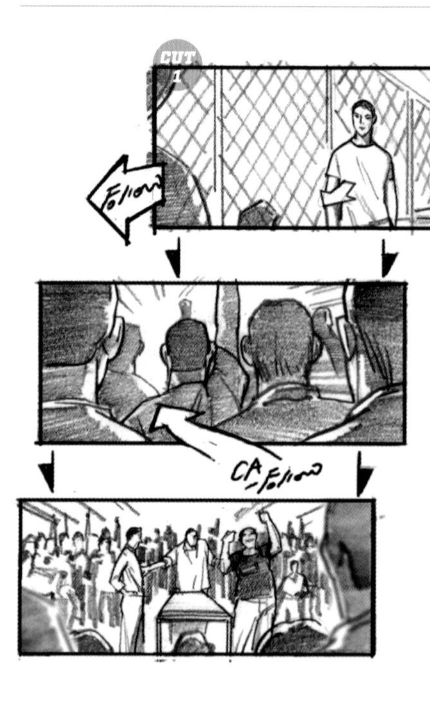

웅성거리는 사내들의 소리와 함께 화면이 바뀌면, 죄수복을 입고 서 있는 현수. 소리가 나는 곳으로 향한다. 카메라가 웅성거리는 사내들을 지나면 테이블을 놓고 죄수들이 둥그렇게 몰려서서 응원하는 가운데 일명 '짝짝이 대회(따귀 대회)'가 열리고 있다. 재소자 한 명이 컵라면 용기를 들고 돌아다니며 단추를 받고 옆의 재소자 한 명은 장부에 적고 있다. 테이블을 사이에 두고 험악한 대머리 정식과 덩치 큰 죄수가 서서 가위바위보를 하고 영근은 진행 심판을 보고 있다.

테이블 가운데 의자를 두고 앉아 있는 심판장 재호가 핫바를 오물거리며 구경을 하고 있다.

가위바위보에서 먼저 이긴 정식이 공격할 준비를 하고 있다.

S#006

교도소 – 재소자 식당 D / O CUT 81

짝짝이 대회에서 재호와 현수의 첫 만남. 거침없는 현수의 모습을 맘에 들어하는 재호.

때려보라는 듯 도발하는 죄수.

웃으며 몸을 푸는 정식. 상대방 덩치의 따귀를 풀스윙으로 날린다. 짝! 소리와 함께 눈이 풀리며 뒤로 쿵! 하고 실신해버리는 덩치 죄수. 와~ 하는 환호성

영근 자, 다음 도전자 없습니까?!
정식 (흥분) 씨발 아무나 나와! 한 방에 보내벌랑게!

즐겁게 구경하는 재호.

같이 구경을 하는 교도관들.

S#006

교도소 – 재소자 식당 D / O CUT 81

짝짝이 대회에서 재호와 현수의 첫 만남. 거침없는 현수의 모습을 맘에 들어하는 재호.

다른 죄수가 쓰러진 죄수를 질질 끌고 나간다.

영근 다음 짝짝이 도전자!!!

잠잠한 죄수들.

눈치만 보는 재소자들.

아무도 나서지 못한다.

교도소 – 재소자 식당 D / O CUT 81

짝짝이 대회에서 재호와 현수의 첫 만남. 거침없는 현수의 모습을 맘에 들어하는 재호.

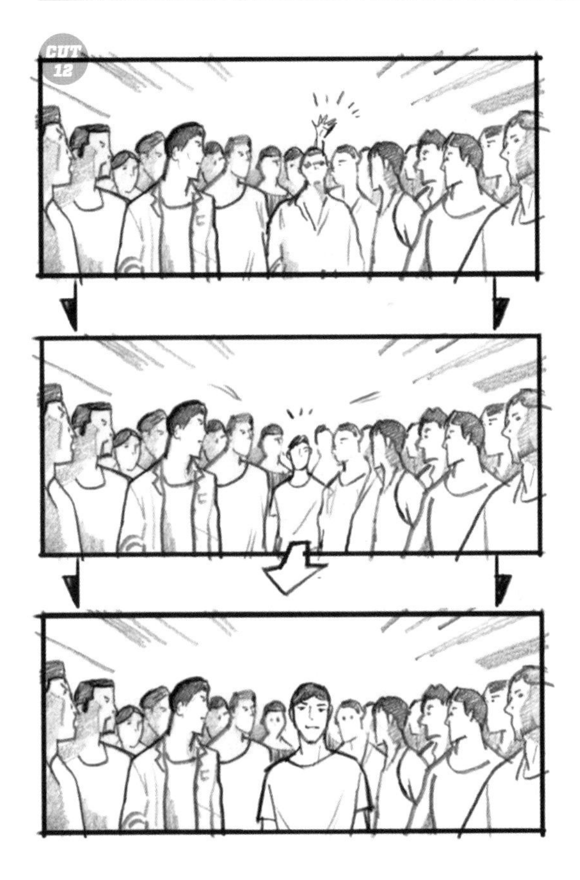

잠잠한 죄수들 그 사이로 슬며시 손을 드는 현수. 워낙 큰 덩치들이 많아 손 말곤 잘 보이지 않는다.

S#006

교도소 – 재소자 식당 D / O CUT 81

짝짝이 대회에서 재호와 현수의 첫 만남. 거침없는 현수의 모습을 맘에 들어하는 재호.

CUT 13

심판 의자에 앉아 있던 재호를 지나쳐 가는 현수. 바라보는 재호와 재소자들.

CUT 14

테이블 앞으로 온 현수.

영근 니가 새로 온 얼라가?

CUT 15

흥미롭게 현수를 보는 재호.

CUT 16

현수 (끄덕)

CUT 17

정식 어허허허. (재호를 바라보며) 이거 해도 될랑가. 스치면 갈 텐데.

교도소 – 재소자 식당 D / O CUT 81

짝짝이 대회에서 재호와 현수의 첫 만남. 거침없는 현수의 모습을 맘에 들어하는 재호.

대회를 준비시키는 영근.

진행하라는 손짓을 하는 재호.
뒤의 죄수들이 환호를 한다.

"짱껨뽀!!" 현수는 바위,
정식은 보. 정식의 승리다.

S#006

교도소 – 재소자 식당

D / O　　CUT 81

짝짝이 대회에서 재호와 현수의 첫 만남. 거침없는 현수의 모습을 맘에 들어하는 재호.

CUT 81

정식　아가야. 이빨 꽉
　　　깨물어라. 혀 잘릴게.

정식, 현수의 얼굴을 향해
따귀를 날린다. 짝! 소리와 함께
돌아가는 현수의 얼굴.

S#006

교도소 – 재소자 식당 D / D CUT 81

짝짝이 대회에서 재호와 현수의 첫 만남. 거침없는 현수의 모습을 맘에 들어하는 재호.

더욱더 환호하는 죄수들.

흥미롭게 바라보는 재호.

화면으로 들어오는 정식의 손이 현수의 얼굴을 강타한다.

뒤로 밀리는 현수.

S#006

교도소 - 재소자 식당

D / O　　CUT 81

짝짝이 대회에서 재호와 현수의 첫 만남. 거침없는 현수의 모습을 맘에 들어하는 재호.

뒤로 밀리는 현수의 시선으로 보이는 죄수들.

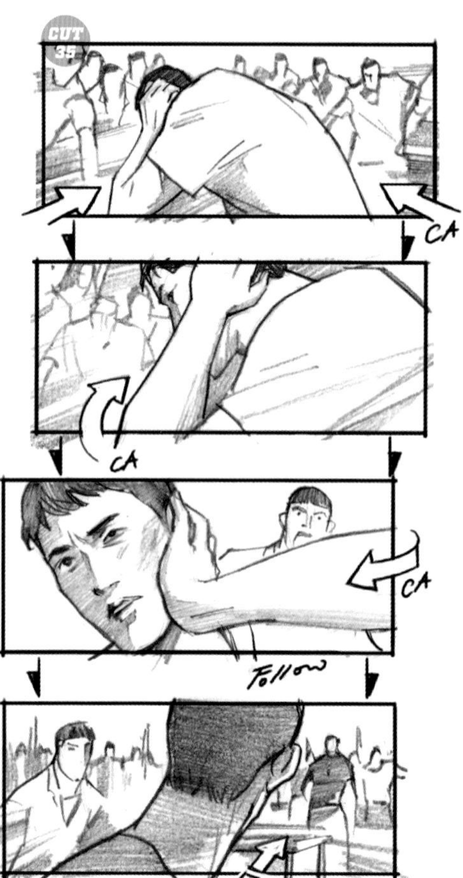

충격이 심해 보이는 현수. 이를 악물고 버텨낸다. 다시 일어서는 현수.

S#006

교도소 – 재소자 식당 D / O CUT 81

짝짝이 대회에서 재호와 현수의 첫 만남. 거침없는 현수의 모습을 맘에 들어하는 재호.

재호가 일어나서 이 모습을 흥미롭게 바라본다.

영근이 다가와 현수에게 묻는다.

영근 포기? 포기!?

손을 푸는 현수. 정식에게 다가간다.

건방지게 웃고 있는 정식의 앞으로 온 현수.
다시 현수가 때릴 차례.

교도소 - 재소자 식당 D / O CUT 81

짝짝이 대회에서 재호와 현수의 첫 만남. 거침없는 현수의 모습을 맘에 들어하는 재호.

정식을 노려보는 현수.

가소롭다는 듯이 쳐다보는 정식.

재호 그 상황을 지켜본다.

심호흡 후에 손바닥을 펴고 정식을 향해 따귀를 날리는 현수.

교도소 – 재소자 식당 D / O CUT 81

짝짝이 대회에서 재호와 현수의 첫 만남. 거침없는 현수의 모습을 맘에 들어하는 재호.

현수 따귀를 날린다.

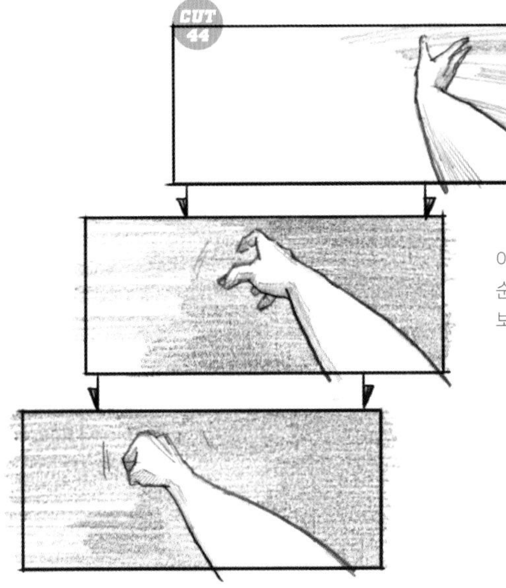

이때, 현수의 손바닥이 정식의 얼굴에 닿는 순간 주먹이 쥐어지는 모습이 슬로모션으로 보인다.

이를 바라보는 재호의 얼굴.

S#006

교도소 – 재소자 식당 D / O CUT 81

짝짝이 대회에서 재호와 현수의 첫 만남. 거침없는 현수의 모습을 맘에 들어하는 재호.

현수의 어퍼컷을 맞는 정식.

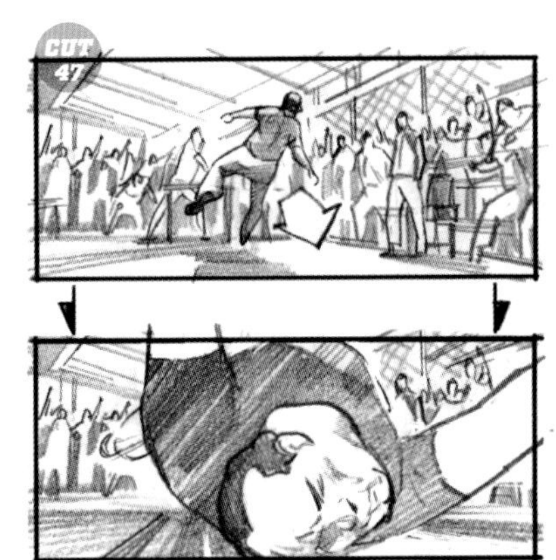

현수의 어퍼컷을 맞고 바닥에 털썩 쓰러지는 정식.

잠시 이 광경에 놀라 가만히 있던 죄수들. 엄청난 이변에 와아아아아! 하는 소리와 함께 환호를 지른다.

쓰러져 있는 정식.

S#006

교도소 - 재소자 식당 D / O CUT 81

짝짝이 대회에서 재호와 현수의 첫 만남. 거침없는 현수의 모습을 맘에 들어하는 재호.

CUT 50

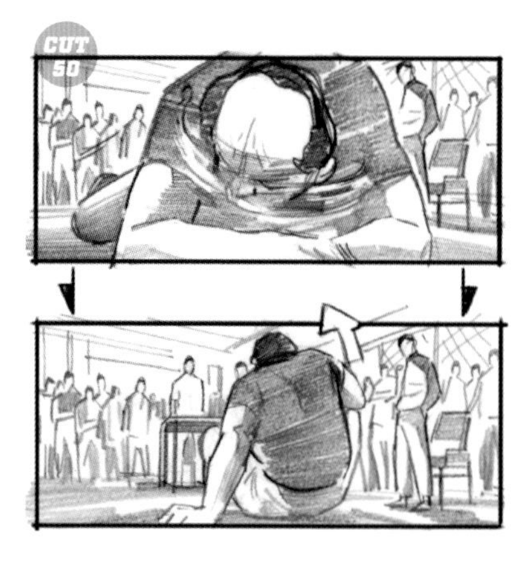

정식, 정신을 차리고 벌떡 일어나 항의한다.

CUT 51

정식 개새끼야! 너 주먹으로 쳤지!

CUT 52

현수 (뭔 소리야? 하는 표정으로 손바닥을 펴 보인다)

CUT 53

정식 좆까, 이 씨발놈아! (재호에게) 이 개새끼가 주먹으로 때렸다니까요!

S#006

교도소 – 재소자 식당

D / O　　CUT 81

짝짝이 대회에서 재호와 현수의 첫 만남. 거침없는 현수의 모습을 맘에 들어하는 재호.

아무 말 없이 자리에 앉는 재호.

영근　구질구질하게 굴지 말고 그냥 들어갑시다.

영근의 말에 분한 얼굴로 이를 꽉 깨물고 포기한 듯 들어가는 정식.

현수를 지나치며 입을 여는 정식.

정식　쥐좆만 한 새끼가 싸가지 존나 없네.

현수　그러는 그쪽은 머리털이 존나 없고.

S#006

교도소 – 재소자 식당 D / O CUT 81

짝짝이 대회에서 재호와 현수의 첫 만남. 거침없는 현수의 모습을 맘에 들어하는 재호.

현수에게 맞고 화면 밖으로 나가는 정식. 현수를 붙잡는 정식 패거리를 머리로 치고 넘어져 있는 정식에게 달려드는 현수.

싸대기를 계속 때리는 현수.

계속 싸대기를 맞고 있는 정식.

교도소 – 재소자 식당 D/O CUT 81

짝짝이 대회에서 재호와 현수의 첫 만남. 거침없는 현수의 모습을 맘에 들어하는 재호.

재소자들 사이로 달려 들어오는 교도관들.

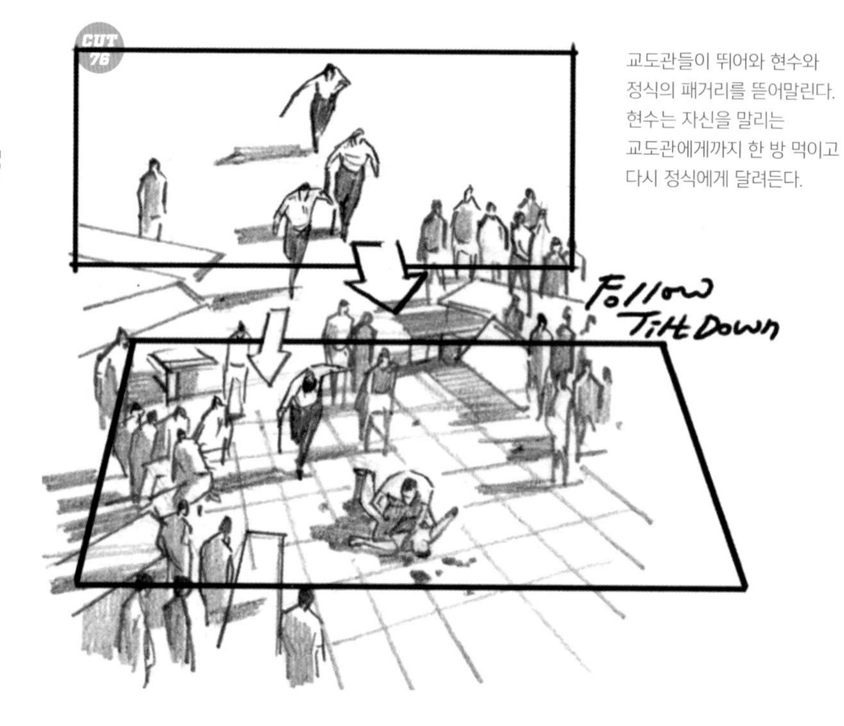

교도관들이 뛰어와 현수와 정식의 패거리를 뜯어말린다. 현수는 자신을 말리는 교도관에게까지 한 방 먹이고 다시 정식에게 달려든다.

교도소 – 재소자 식당

D / O　　CUT 81

짝짝이 대회에서 재호와 현수의 첫 만남. 거침없는 현수의 모습을 맘에 들어하는 재호.

신난 듯 계속 지켜보는 재호.

재호　와, 저거 아주 혁신적인 또라이네.

993

S# 007

S#007

교도소 – 현수의 감방 N / S CUT 21

재호, 자고 있는 현수 방에 들어와 건들면 안 될 놈들 건드렸다면서 캐릭터를 다시 잡으라 한다.

CUT 1

교도소 침대에 엉망이 된
얼굴로 잠을 자고 있는 현수.

CUT 2

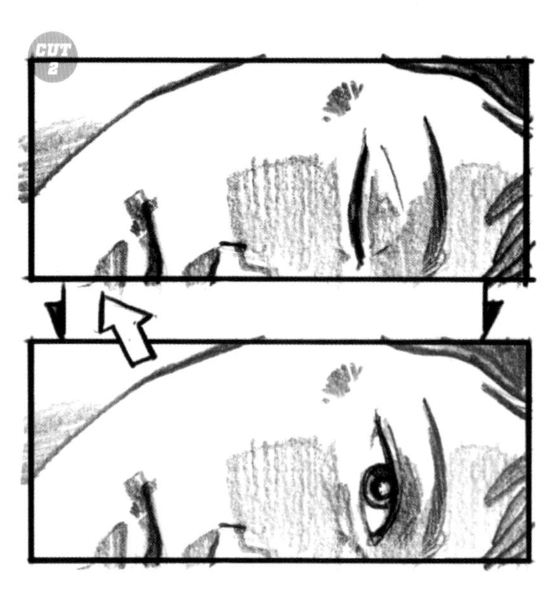

후~ 하는 소리에 눈을 떠
뭔가를 느끼고 일어나는 현수.

S#007

교도소 – 현수의 감방 N / S CUT 21

재호, 자고 있는 현수 방에 들어와 건들면 안 될 놈들 건드렸다면서 캐릭터를 다시 잡으라 한다.

현수가 일어나서 고개를 돌리면 카메라가 뒤로 빠지면서 담배를 피우고 있는 재호의 옆모습이 보인다.

현수 (재호를 보며) 뭡니까?

말없이 담배를 한 모금 깊이 빠는 재호.

그런 재호를 바라보는 현수.

S#007

교도소 – 현수의 감방 N / S CUT 21

재호, 자고 있는 현수 방에 들어와 건들면 안 될 놈들 건드렸다면서 캐릭터를 다시 잡으라 한다.

재호 여기 4미터 담벼락 안에는 딱 두 종류 새끼들밖에 없어. 건드려도 되는 새끼들. 그리고 건들면 안 되는 새끼들. 근데 오늘 자기랑 시비 붙은 애들은 건들면 안 되는 새끼들이야.

현수 … 그럼 그쪽은요?

재호 너, 내가 안 무섭냐?

현수 무서워해야 됩니까?

S#007

교도소 – 현수의 감방 N / S CUT 21

재호, 자고 있는 현수 방에 들어와 건들면 안 될 놈들 건드렸다면서 캐릭터를 다시 잡으라 한다.

잠깐의 정적. 담배를 피우는 재호와 보고 있는 현수.

현수를 보고 한번 웃더니 담배를 종이컵에 끄는 재호.

재호 넌 내가 어느 쪽 같은데?

현수 … 건들면 안 되는 쪽이겠죠.

S#007

교도소 – 현수의 감방 N / S CUT 21

재호, 자고 있는 현수 방에 들어와 건들면 안 될 놈들 건드렸다면서 캐릭터를 다시 잡으라 한다.

재호 (고개를 가로젓는다) 아니. 난 그 기준을 정하는 사람이다.

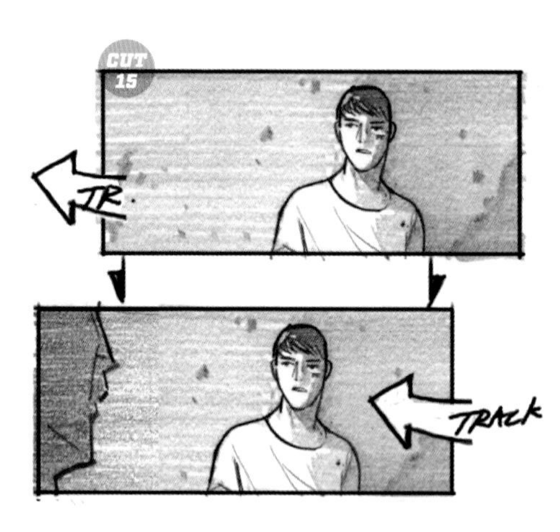

현수 (마른침을 삼킨다)

재호 괜히 사고 쳐서 징역 깨지 마라. (일어서며 철창 밖으로) 직원! 손님 나갑니다!

교도소 – 현수의 감방 N / S CUT 21

재호, 자고 있는 현수 방에 들어와 건들면 안 될 놈들 건드렸다면서 캐릭터를 다시 잡으라 한다.

재호, 현수 옆을 지나친다.

지나치며 얼굴에 손을 가져다 댄다.

재호 야~ 자기는 멍도 이쁘게 드네.

현수, 고개를 뒤로 젖히며 재호의 손길을 피한다.

152

S# 012-

013

S#012

교도소 – 취장 N/O CUT 2

삼겹살에 소주를 먹는 재호와 부하들.

CUT 1

식당 너머로 밝게 불이 들어온 취장에서 음주를 즐기고 있는 재호와 일당들.

장목사(E) 철창 안의 지저스 크라이스트라니까. 취장도 지 형제들로 꽉 채워서는 완전히 전용 식당으로 만들어버렸지.

CUT 2

재호, 자신의 잔에 술을 채우고 일어서서 말한다.

재호 자, 다들 잔 들고. 간만에 내가 건배제의 한번 하자. 구호는 '우리가 남이가'. 자, 우리가!

S#013

바닷가 포장마차 – 포장마차 안 N / L CUT 41

건배를 제안하는 재호. 현수와 병갑의 신경전. 제지하는 병철.

현재로 돌아와 60~70명 규모의 까만 정장 차림의 남자들이 전 씬의 재호의 선창에 이어 잔을 들고 일제히 외친다. 중간중간에 야한 옷차림의 러시아 여자들도 끼어 있다.

일동 남이가!

재호, 우뚝 선 채로 잔을 단번에 비워낸다. 따라 잔을 비우는 남자들의 모습이 화면에 보인다.

즐겁게 술을 마시고 있는 간부들. 옆에는 병철과 병갑의 모습도 보인다.

그들의 틈 사이 멀리 보이는 현수의 모습.

S#013

바닷가 포장마차 – 포장마차 안 N / L CUT 41

건배를 제안하는 재호. 현수와 병갑의 신경전. 제지하는 병철.

안주를 가져오는 병갑.

병철 누구는 우리보고 나쁜 놈들이다, 사회 암적인 존재다, 그러는데, 이해는 돼. 사람들은 욕하고 손가락질할 데가 필요한 법이니까.

병철 옆에 앉으며

병갑 맞습니다, 삼촌. 아니, 세상에 좋기만 한 사람이 어딨어?

대답 없이 앉아 있는 재호와 현수.

병갑 다 나쁜 거 숨기면서 사는 거지. 그래도 우리는 영혼이 순수하잖아요.

병철, 병갑의 말에 대답 없이 현수를 바라보더니 잔을 따르며…

병철 한이사가 칭찬 많이 하더라. 머리도 잘 쓰고 주먹도 잘 쓴다고.

S#013

바닷가 포장마차 - 포장마차 안 N / L CUT 41

건배를 제안하는 재호. 현수와 병갑의 신경전. 제지하는 병철.

공손하게 술을 받는 현수.

병갑 (재호에게) 우리 한이사님 말에 감히 아사바리 거는 건 아닌데… (웃으며 현수를 본다) 아무리 봐도 주먹은 아닌 것 같은데.

현수 (젓가락을 탁 내려놓으며) 그럼 뭐 어떻게, 직접 확인시켜 드려요?

병갑 어떻게?

재호 (회를 먹으며 웃음) 얘 지금 너한테 일대일 마사지 붙자고 하는 거야.

병철이 크게 웃음을 터뜨린다.

병갑 (재호를 바라보며 웃으며) 야, 지금 장난해?

S#013

바닷가 포장마차 – 포장마차 안 N / L CUT 41

건배를 제안하는 재호. 현수와 병갑의 신경전. 제지하는 병철.

현수 동생들 앞에서 쪽 팔리긴… 좀 그렇죠?

재호 (현수에게) 야, 하지 마.

병갑 너 지금 누구 말리는 거냐?

현수 저를 말리고 있는 것 같은데요?

웃음기가 사라진 병갑의 눈썹이 꿈틀댄다. 못 참겠다는 듯 일어나는 병갑.

일어선 병갑, 시계를 풀고 반지를 빼서 테이블에 놓는다.

S#013

바닷가 포장마차 – 포장마차 안 N / L CUT 41

건배를 제안하는 재호. 현수와 병갑의 신경전. 제지하는 병철.

그러고는 품 안에서 권총을 꺼내 테이블 앞에 쾅 놓는다. 그 모습을 바라보는 병철.

S#013

바닷가 포장마차 – 포장마차 안 N / L CUT 41

건배를 제안하는 재호. 현수와 병갑의 신경전. 제지하는 병철.

그 모습을 빤히 지켜보는 현수와 담배를 피우고 있는 재호. 병갑, 몸을 앞으로 기울인다.

병갑, 몸을 앞으로 기울여 현수의 얼굴 가까이에 낮고 위협적인 목소리로 말한다.

병갑 나와, 이 좆만 한 새끼야. 니가 이기면 해운대 한가운데서 니 좆 빨면서 애국가 4절까지 불러준다.

현수 그건 내 취향은 아닌데. (재호에게) 갑자기 커밍아웃을 하시네.

재호 (건성건성 웃으며) 그만들 하라니까. (병철을 바라본다)

병철, 재호의 눈빛을 받고는 맹랑한 현수의 태도가 재밌다는 듯 바라본다.

S#013

바닷가 포장마차 - 포장마차 안 N / L CUT 41

건배를 제안하는 재호. 현수와 병갑의 신경전. 제지하는 병철.

긴장감이 넘치는 테이블의 공기. 그때 현수, 테이블에 놓여 있는 권총을 집어든다.

현수 (테이블 위의 총을 집으며 천진난만) 와, 근데 이거 진짜 총이에요?

권총을 들어 병갑의 얼굴에 겨누는 현수.

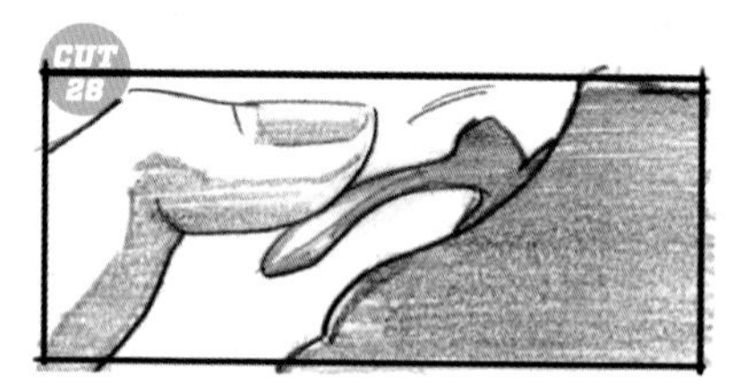

권총을 장전하는 현수의 손.

현수 실탄 나가나?

순간, "으어어어어~!" 소리를 내며 뒤로 피하는 병갑.

S#013

바닷가 포장마차 – 포장마차 안 N / L CUT 41

건배를 제안하는 재호. 현수와 병갑의 신경전. 제지하는 병철.

놀라 뒤로 피하는 병갑과 그 모습을 지켜보는 사람들.

재호, 장난 그만하라는 듯 현수의 총을 내린다.

뒤로 물러난 병갑이 현수에게 달려든다.

병갑 이 개새끼가! 처돌았나!

그때 병갑의 얼굴로 날아오는 손. 짝! 소리와 함께 돌아가는 병갑의 얼굴. 놀라는 병갑.

S#013

바닷가 포장마차 - 포장마차 안 N / L CUT 41

건배를 제안하는 재호. 현수와 병갑의 신경전. 제지하는 병철.

손의 주인공은 병철이다. 한심하다는 듯 병갑을 바라보는 병철.

계속해서 따귀를 날리는 병철.

따귀를 맞으며 뒤로 물러나는 병갑.

그리고 이를 보며 한숨을 내쉬는 재호가 놀란 표정의 현수에게 눈치를 준다. 왁자지껄한 술자리가 순식간에 조용해진다. 양팔에 문신 가득, 앞치마를 두르고 서빙을 하던 꼬마 건달들도 움직임을 멈추고 이를 바라본다.

병철 앞에 고개를 푹 숙인 병갑.

S#013

바닷가 포장마차 – 포장마차 안 N / L CUT 41

건배를 제안하는 재호. 현수와 병갑의 신경전. 제지하는 병철.

병철 니, 일할 때 말고는 쇳덩이 품고 다니지 말라고 했지?

병갑 … 죄송합니다.

병철 지 애비 닮아서 똥오줌 못 가리지? 가서 쇳덩이 놓고 와! 얼른!

얼굴을 숙인 채 나가는 병갑.
그런 병갑을 바라보는 병철.

재호가 병갑의 뒷모습을 바라보다 일어선다.

나가는 병갑을 따라가는 재호.

경
祝 發展
祝

동북아 해양무역의 중심
무역 확장 및 개관식
축
시 : 2008년 5월 10일 장소 : 오세안무역
OCEAN TRADING
충남제방(주) 대표이사 한아름
祝賀

S#
022

S#022

교도소 – 교도소 복도 창 너머 D/O CUT 1

복도 창 너머 창틀 사이로 대화를 나누는 재호와 계장. 재호가 협박을 하지만 결국 구타당하고 먹방으로 끌려간다.

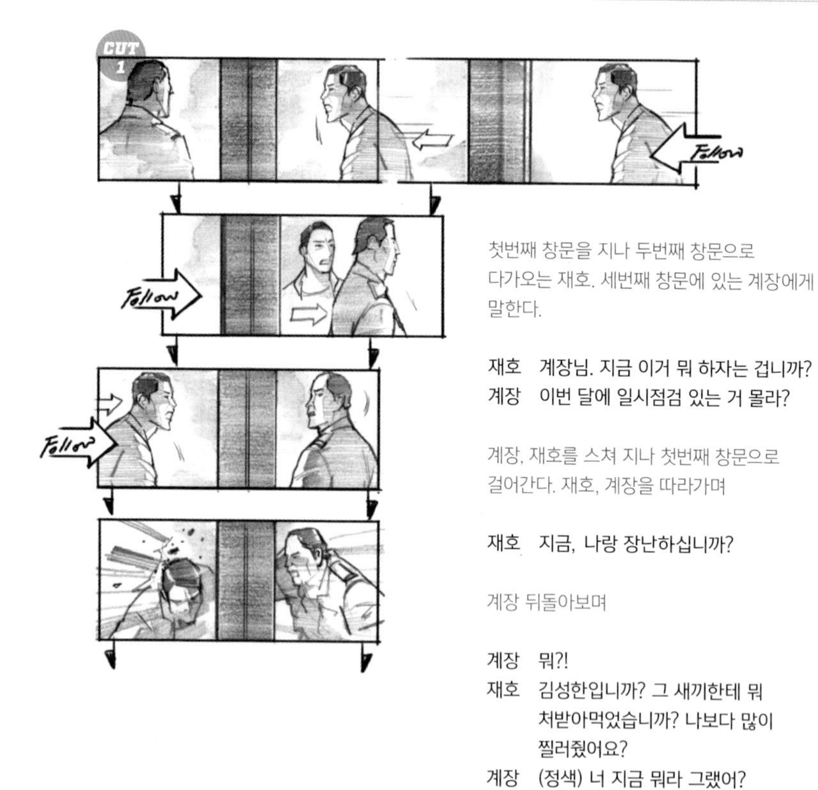

첫번째 창문을 지나 두번째 창문으로 다가오는 재호. 세번째 창문에 있는 계장에게 말한다.

재호 계장님. 지금 이거 뭐 하자는 겁니까?
계장 이번 달에 일시점검 있는 거 몰라?

계장, 재호를 스쳐 지나 첫번째 창문으로 걸어간다. 재호, 계장을 따라가며

재호 지금, 나랑 장난하십니까?

계장 뒤돌아보며

계장 뭐?!
재호 김성한입니까? 그 새끼한테 뭐 처받아먹었습니까? 나보다 많이 찔러줬어요?
계장 (정색) 너 지금 뭐라 그랬어?
재호 (진정하며) 계장님, 이런 식으로 나오면 좋을 거 없…

재호의 말이 끝나기도 전에 곤봉으로 재호의 머리통을 내리치는 계장. 재호가 계장에게 달려들자 뒤에 있던 교도관들이 재호를 붙잡는다.

교도소 - 교도소 복도 창 너머 D/O CUT 1

복도 창 너머 창틀 사이로 대화를 나누는 재호와 계장. 재호가 협박을 하지만 결국 구타당하고 먹방으로 끌려간다.

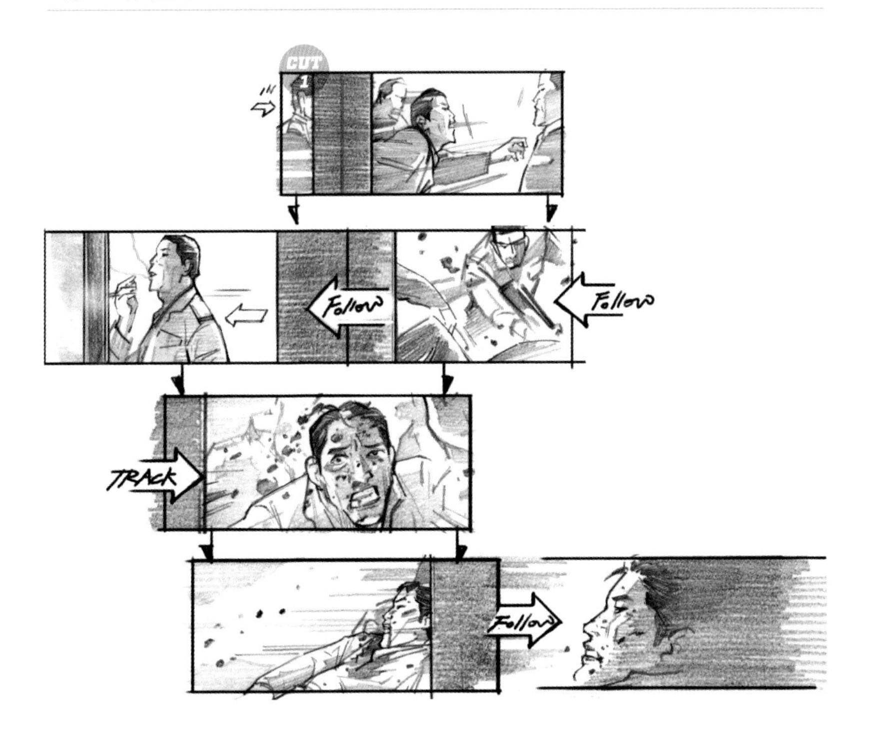

재호 이런 씨발 마개비 새끼…

교도관들에게 구타당하는 재호를 지나 네번째 창문으로 가는 계장.
담배를 꺼내 피우기 시작한다. 다시 구타당하고 있는 재호에게로 향하는 카메라.
재호가 일어서면 피범벅이 된 재호의 얼굴이 창문에 부딪힌다.
질질 끌려나가는 재호의 얼굴을 카메라가 빠르게 훑으면 (고속)…

S# 026

S#026

교도소 - 복도 D/S CUT 18

위험에 처한 재호를 구하는 현수.

교도소 건물 외경

INSERT) 맑은 하늘에 구름이 움직이면서 그림자가 교도소 건물을 덮는다.

교도소 운동장

INSERT) 교도소 운동장 바닥에 서서히 그림자가 진다.

교도소 복도

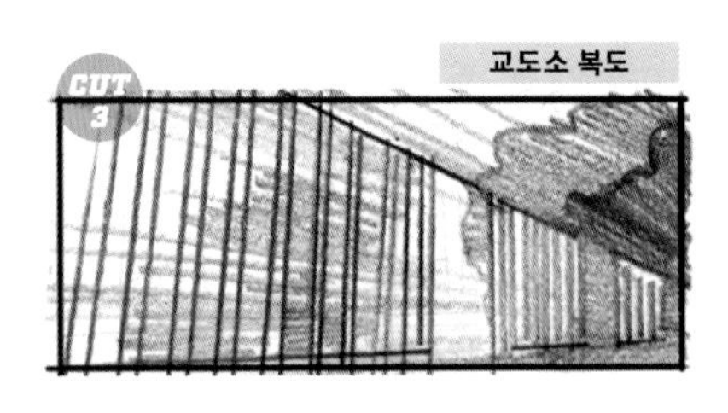

INSERT) 복도 뒤쪽 창부터 서서히 그림자가 진다.

고개를 숙이고 교도소 복도를 홀로 터덜터덜 걷는 재호의 모습. 뒤에서 그런 재호를 보며 수군대는 재소자들의 모습도 보인다. 그때 화면으로 들어오는 현수의 뒷모습.

S#026

교도소 - 복도 D / S CUT 18

위험에 처한 재호를 구하는 현수.

재호도 현수를 발견하고는 눈이 마주친다. 복도 창밖의 해가 구름에 가려지며 복도의 분위기가 변한다. 서로 바라보며 걸어오는 두 사람.

가볍게 목례를 하듯 눈인사를 하는 현수. 그런 현수를 바라보고는 다시 앞을 보고 걸어가는 재호. (고속)

두 사람이 서로 스쳐 걸어간다. 자신을 스쳐가는 현수를 바라보는 재호. (고속)

이번엔 현수가 재호의 뒷모습을 바라본다. 그때 현수의 앞에 걸어오는 정식도 보인다. (고속)

교도소 – 복도 D / S CUT 18

위험에 처한 재호를 구하는 현수.

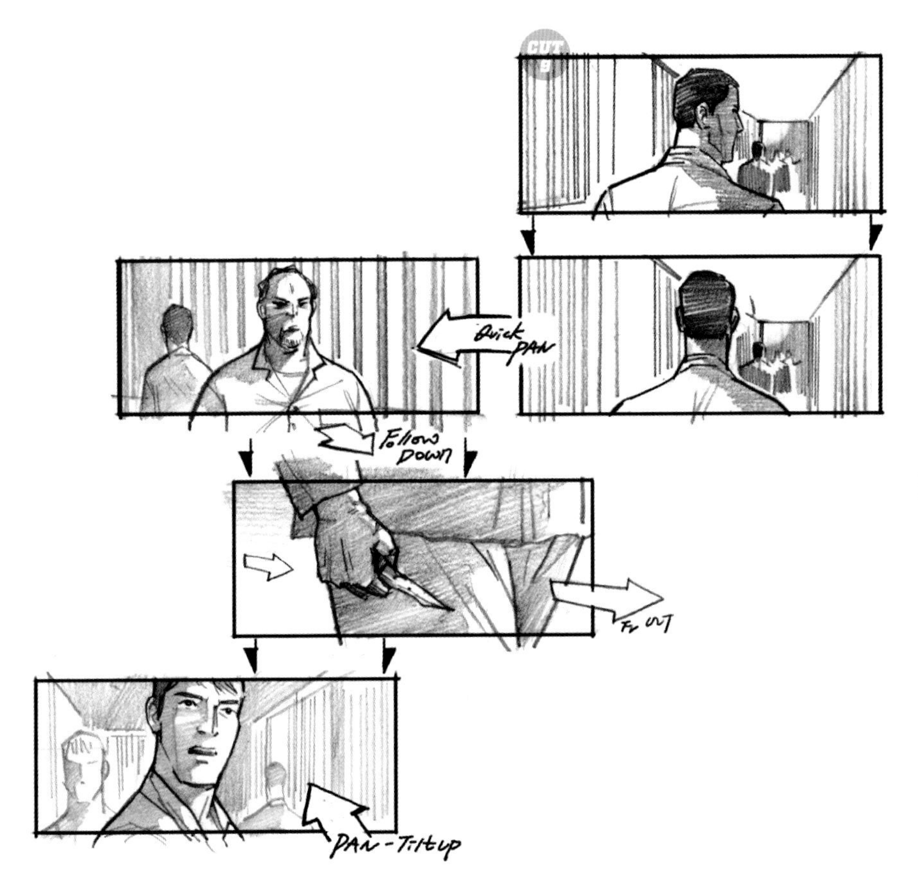

다시 앞을 보고 걸어가는 재호. 카메라 빠르게 돌리면 현수 앞으로 지나치는 정식의 소매 안에서 무식하게 생긴 칼이 쓱 나온다. 그 모습을 바라보는 현수. (고속)

S#026

교도소 - 복도 D / S CUT 18

위험에 처한 재호를 구하는 현수.

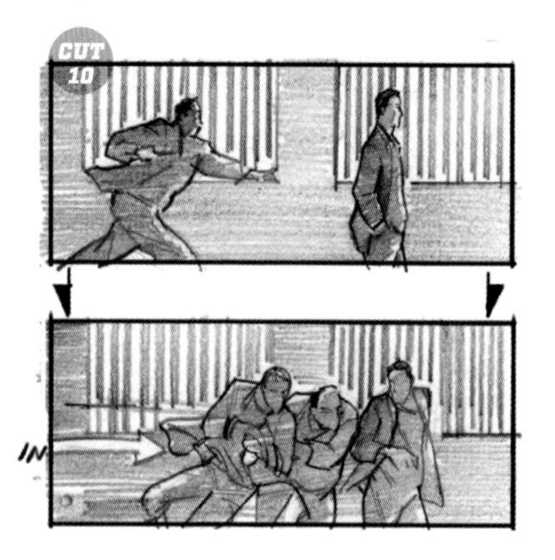

정식이 자신에게 다가오는 줄 모르고 앞으로 걸어가는 재호. 재호에게 칼을 휘두르는 정식. (고속) 그때 고속이 풀리며 현수가 뛰어와 칼을 든 정식을 덮친다.

정식을 저지하는 현수.
당황한 재호.

몸부림치는 정식.

현수의 손이 정식의 칼에 베여 피가 흐른다.

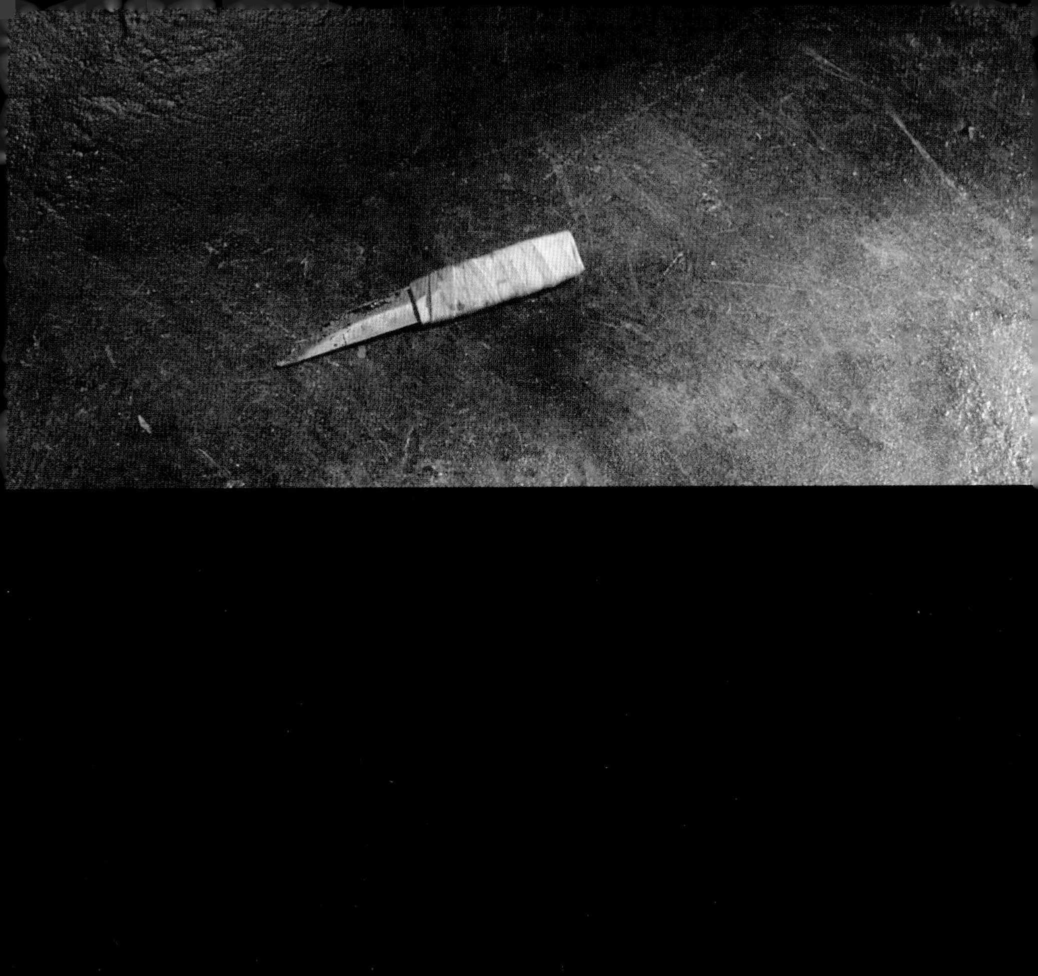

S#026

교도소 - 복도 D / S CUT 18

위험에 처한 재호를 구하는 현수.

고통스러워하는 현수.

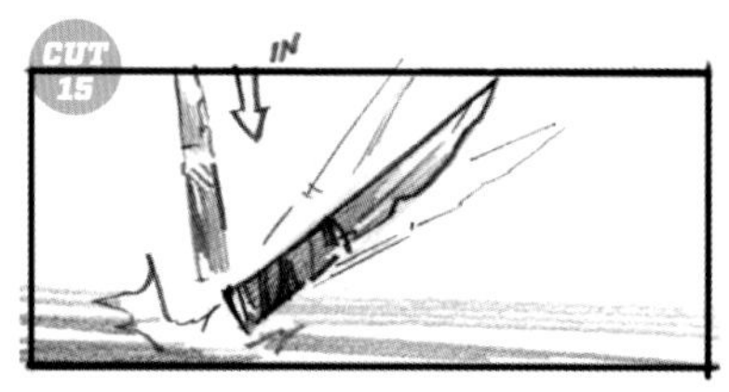

바닥에 칼이 떨어진다.

정식을 제압한 현수. 그 상황을 지켜보는 재호와 재소자들.

놀란 표정으로 현수를 바라보는 재호.

현수 **교도관! 이 새끼, 칼 가지고 있어!**

당황한 정식이 손을 뻗어 칼을 다시 잡으려 하지만
이미 위에 올라타 제압하는 현수.
이때 교도관들이 호루라기를 불며 뛰어온다.

GRIP

S# 057

S#057

교도소 – 재호의 감방 D / S CUT 5

침대에 걸터앉아 교도관에게 엄마가 죽었다는 이야기를 듣는 현수. 분노한다. 그 모습을 지켜보는 재호.

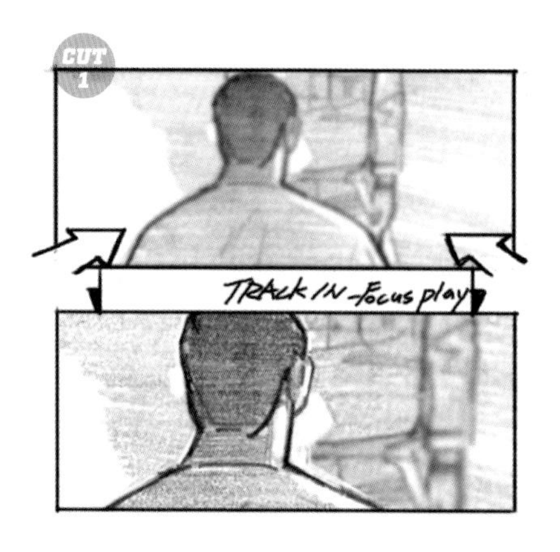

침대에 걸터앉아 교도관에게 이야기를 듣는 현수의 뒷모습이 화면 전체 Focus Out 되어 있다가 카메라가 천천히 들어가면서 현수만 Focus In 된다.

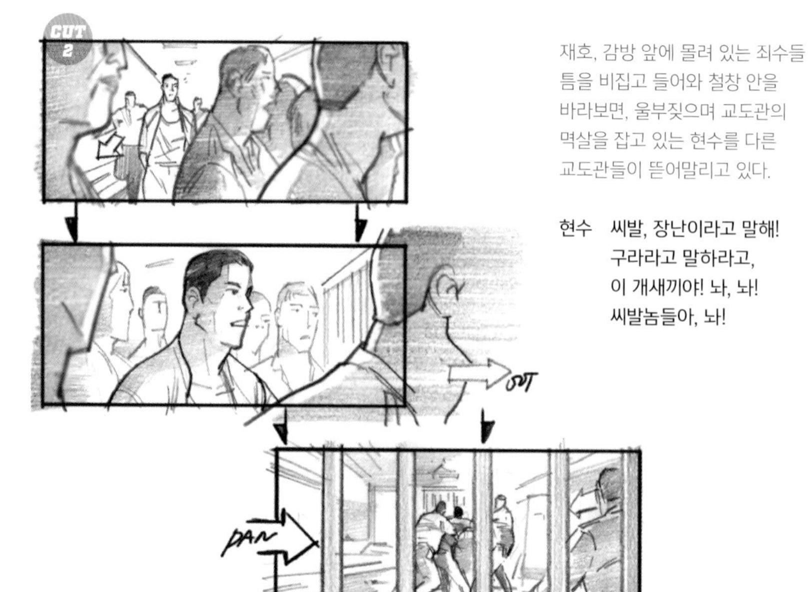

재호, 감방 앞에 몰려 있는 죄수들 틈을 비집고 들어와 철창 안을 바라보면, 울부짖으며 교도관의 멱살을 잡고 있는 현수를 다른 교도관들이 뜯어말리고 있다.

현수 씨발, 장난이라고 말해!
구라라고 말하라고,
이 개새끼야! 놔, 놔!
씨발놈들아, 놔!

S#057

교도소 - 재호의 감방 D/S CUT 5

침대에 걸터앉아 교도관에게 엄마가 죽었다는 이야기를 듣는 현수. 분노한다. 그 모습을 지켜보는 재호.

울부짖는 현수를 말리고 있는 교도관들. (고속)

철창 밖에서 그 모습을 바라보는 재호. (고속)

감방 안에서 몸부림치는 현수의 모습. (고속)

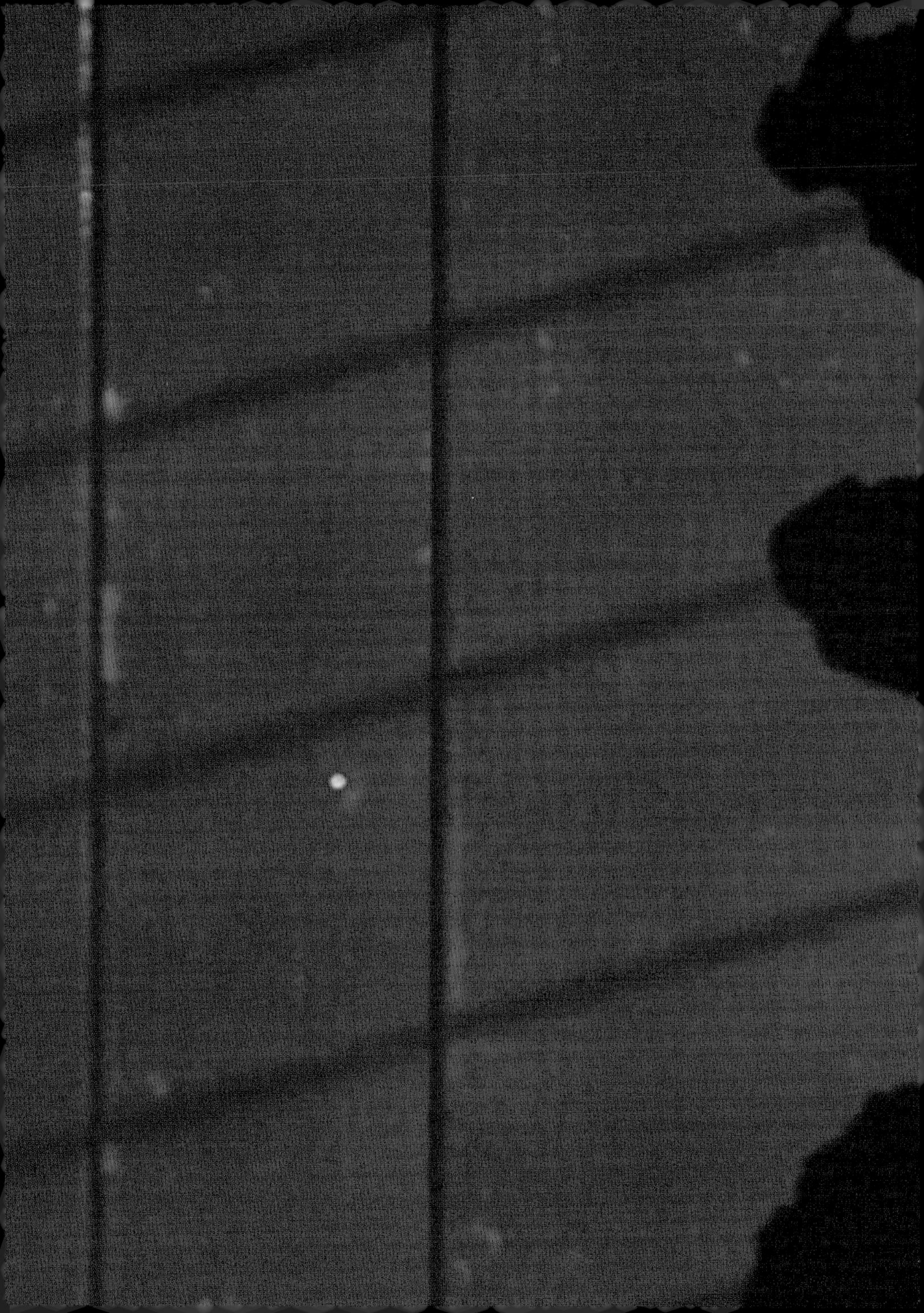

S#
060

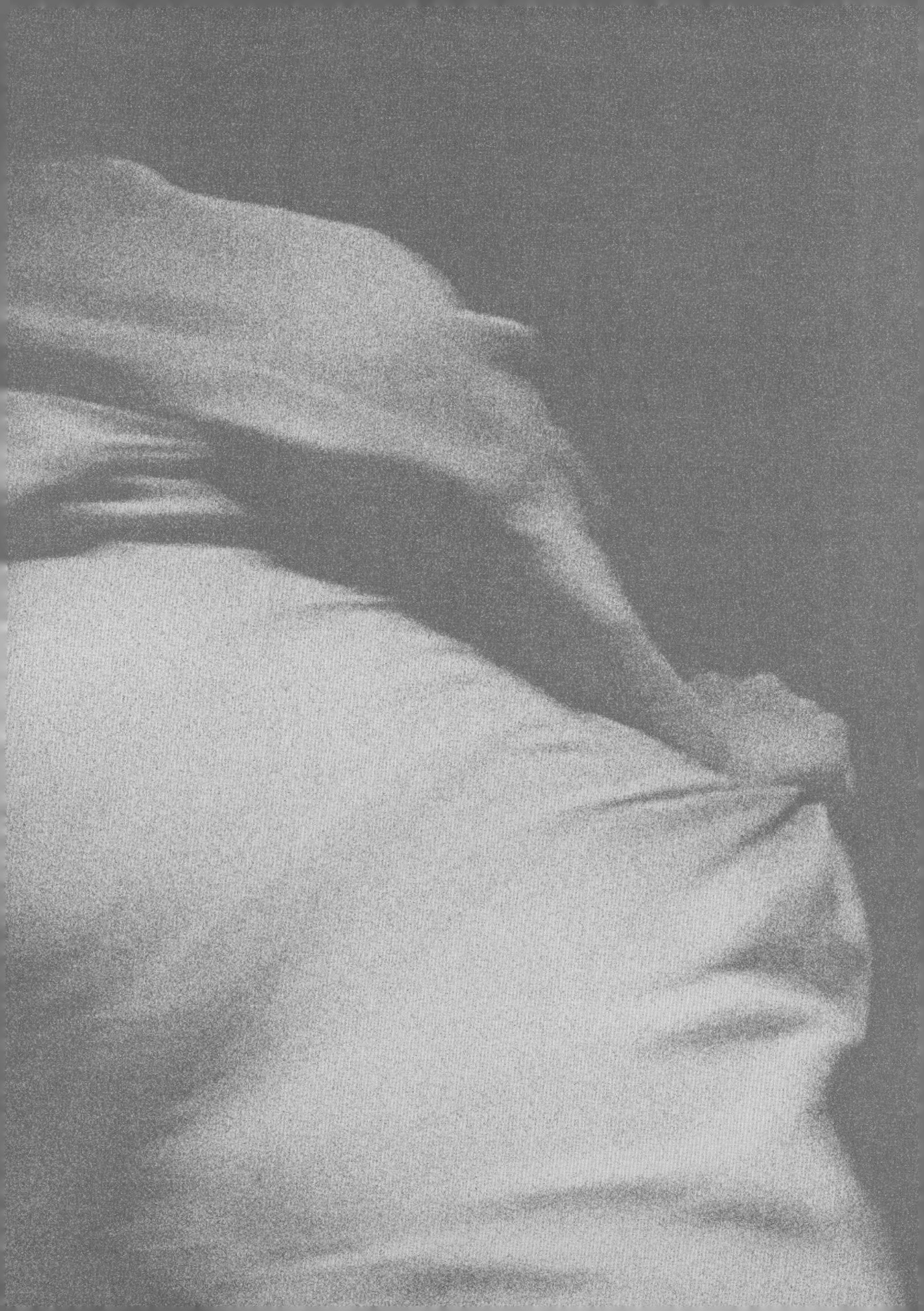

S#060

교도소 – 재호의 감방 N / S CUT 14

위로하려는 재호에게 화를 내는 현수. 결국 싸움으로 번진다.

CUT 1 교도소 복도

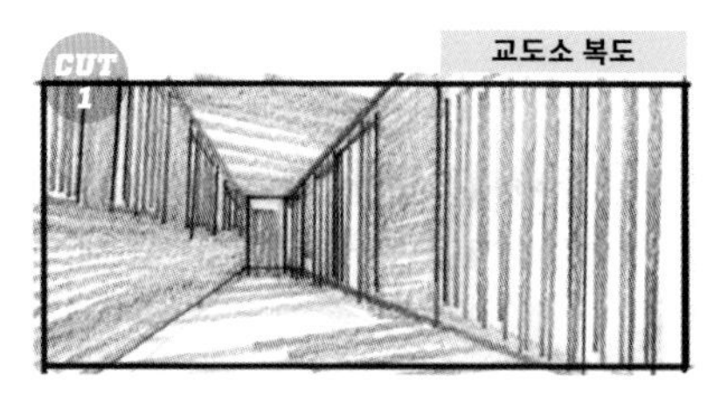

어둡고 조용한 교도소 복도.

CUT 2

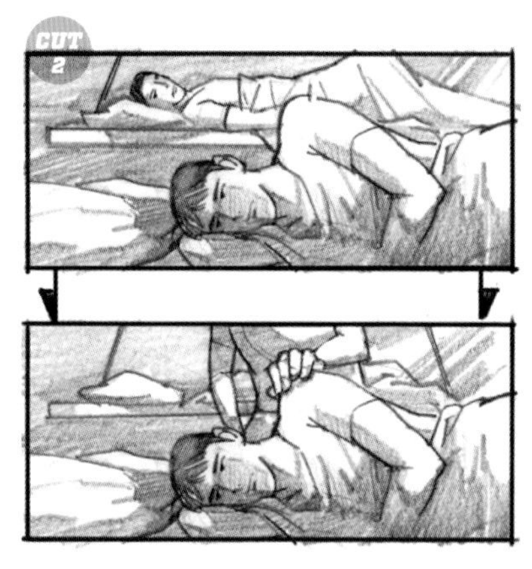

바닥에 재호를 등지고 누워 있는 현수.
그런 현수의 얼굴 위로 들리는 천팀장의 목소리.

천팀장(E) 조심해. 정승필이 노출됐어. 시신도 발견됐고. 목 내놓고 사는 게 우리 일이야.

재호, 일어나 현수에게 다가가 어깨에 천천히 손을 올려 다독거린다. 움찔하는 현수. 순간, 재호의 팔을 뿌리치며 몸을 벌떡 일으키는 현수.

CUT 3

현수 씨발, 건드리지 마!

CUT 4

현수를 벙찐 표정으로 바라보는 재호.
그러고는 다시 입을 여는 재호.

재호 그래. 니 기분 이해한다.

S#060

교도소 – 재호의 감방 N / S CUT 14

위로하려는 재호에게 화를 내는 현수. 결국 싸움으로 번진다.

CUT 5

현수 이해? 너 같은 새끼가 뭘 이해해.

CUT 6

재호 … (한숨을 내쉬며) 알았다. 자라.

일어서는 재호.

CUT 7

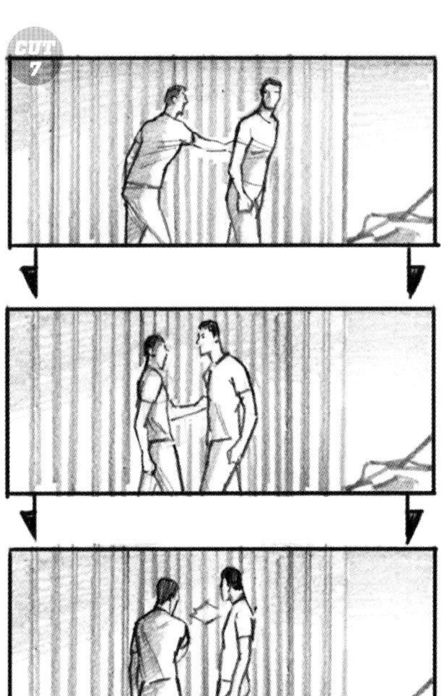

재호, 뒤돌아 가려는데, 현수가 재호를 잡아 돌린다.

현수 씨발놈아! 니가 내 기분을 어떻게 아냐고!
재호 너… 후회할 짓 하지 마라.

위협적으로 현수에게 한 발자국 다가서는 재호. 위협을 느낀 현수가 순간 재호의 얼굴을 후려친다.

S#060

교도소 – 재호의 감방 N / S CUT 14

위로하려는 재호에게 화를 내는 현수. 결국 싸움으로 번진다.

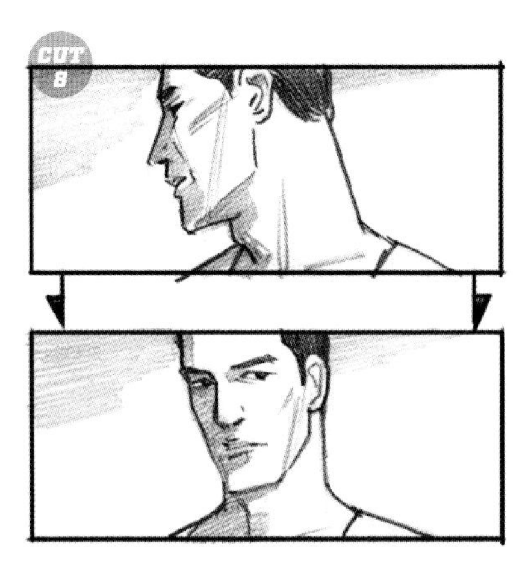

재호 너… 지금 뭐 한 거냐?

재호의 표정에 두려움을 느낀 현수.
하지만 두려움을 이겨내려는 듯 소리를 지르며
다시 재호에게 달려든다.

현수의 주먹을 피하는 재호. 좁은 감방 안에서 두
사내의 격투가 벌어진다.

S#
065

S#065

교도소 - 취장 N / O CUT 11

소주를 먹는 재호와 현수. 현수 결국 자기가 경찰인 걸 밝힌다.

CUT 1

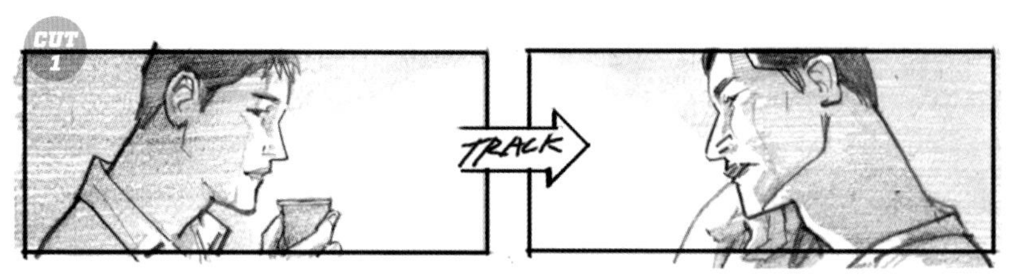

마주 앉아 소주잔을 기울이는 재호와 현수.

현수 아빠 얼굴은 기억도 안 나. 나한텐 그냥 엄마밖에 없었어요. 완전히, 세상에 혼자 버려진 기분이에요. (울먹거리며 한숨) 됐어요… 형이 뭘 알겠어요.

CUT 2

현수의 말을 묵묵히 듣고 있던 재호.
입을 연다.

CUT 3

재호 너, 세상에서 나를 맨 처음 죽이려고 한 게 누군지 알아? 우리 엄마란 사람이다.

CUT 4

현수 …

S#065

교도소 – 취장 N/O CUT 11

소주를 먹는 재호와 현수. 현수 결국 자기가 경찰인 걸 밝힌다.

재호 우리 꼰대는 술만 처먹으면 마누라랑 자식새끼 패는 걸 낙으로 삼았어. 술만 안 먹으면 멀쩡한 양반인데. 문제는 매일 술을 처먹는다는 거지.

재호, 아무렇지도 않게 웃으면서 계속 얘기한다.

재호 열두 살 땐가, 가족끼리 집에서 밥을 먹는데 뭔가 쌔~한 거야. 밥맛도 이상하고 엄마란 사람은 내 눈을 계속 피하고. 그래서 밥 처먹다 말고 화장실로 뛰어가서 목구멍에 손가락 쑤셔넣고 변기에 다 토해버렸어. 그러고 나가보니까… (웃음) 부모란 양반들이 쌍으로 사이좋게 거품 물고 뒤져 있더라.

현수 미안해요. 형… 나는…

재호 (됐다는 듯 손사래를 치며) 버려지는 거에는 나도 꽤 익숙해. 아무튼 이 이야기의 교훈은… (현수를 빤히 바라보며) ***사람을 믿지 마. 상황을 믿어야지.***

현수 …

S#065

교도소 – 취장 N/O CUT 11

소주를 먹는 재호와 현수. 현수 결국 자기가 경찰인 걸 밝힌다.

재호 현수야, 여기서 나가면 진짜로 나랑 일할 생각 있냐?

재호의 말을 듣는 현수의 눈동자가 흔들린다. 현수의 얼굴에서 들리는 재호의 목소리. 카메라는 조금씩 현수에게 가까워진다.

재호 (웃으며) 씨발, 너 좋으면 그래, 하자. 버려진 새끼들끼리 뭉쳐보는 거지, 뭐. (뒤통수를 긁적이며) 나도 뭐, 너랑 같이 있으면 재미있을 것 같기도 하고. 대신에 너도 나랑 지낼 거면…

현수 (재호의 말을 끊으며) ***형… 나 경찰이야.***

재호 …

소주잔을 들이켜다 순간 굳어진 표정으로 현수를 바라보는 재호. 서서히 암전.

S#
067

S#067

부둣가 – 최선장 사무실 N/S CUT 5

최선장 패거리와 대치 중인 현수 패거리.

앞 씬 마지막 컷에서 디졸브되면 현수의 시계가 화면에 가득 차 있다. 현수가 손목에 찬 시계에 반사되어 있는 최선장의 얼굴이 비치고, 계속해서 떠들고 있는 최선장. 포커스가 시계에 맞춰지면서 카메라 빠지면 자신의 턱을 쓰다듬고 있는 현수가 보인다. 카메라 옆으로 돌리면 물회를 후루룩 게걸스럽게 먹고 있는 선원들이 현수를 노려보고 있다. 다시 카메라를 옆으로 돌리면 떠들고 있는 최선장이 보인다.

최선장 내가 그날 배에서 내린 건 대게 200박스 말곤 없다. 최근에 고회장이랑 좀 사소한 문제가 있다캐도 그렇게 일 벌일 정도로 막 나가진 않지. 암, 그렇고말고. 근데… 고회장이 내 만나라꼬 느그들끼리 보낸 기가?

S#067

부둣가 – 최선장 사무실 N / S CUT 5

최선장 패거리와 대치 중인 현수 패거리.

CUT 2

화면이 넓어지면 최선장과 마주 앉은 현수. 그 뒤에 영근과 방개가 보인다.

OPTION

CUT 3

물회를 먹는 선원들을 바라보는 현수와 영근, 방개.

CUT 4

돌아보며 최선장에게

현수 전화 한 통화 해도 될까요?

CUT 5

최선장 (씨익) 얼마든지. 여그는 통화의 자유는 있는 곳이니까.

화면이 멈추면서 천팀장의 목소리가 들린다.

천팀장(E) 얜 누구야?

S# 071

S#071

부듯가 - 최선장 사무실 N / S CUT 22

최선장의 손등에 송곳을 박아버리는 현수. 다들 연장을 챙겨 달려든다.

CUT 1

통화를 마친 현수, 앉아서 책상 위로 손을 뻗친다.

CUT 2

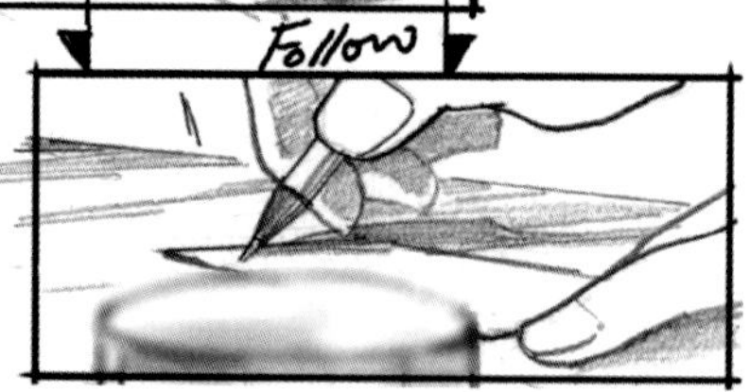

책상 위에 있는 최선장의 명함을 꺼내 뒷면에 무언가를 적는 현수.

CUT 3

그 모습을 바라보는 최선장.

CUT 4

명함을 뒤집는 현수.

S#071

부둣가 - 최선장 사무실 N / S CUT 22

최선장의 손등에 송곳을 박아버리는 현수. 다들 연장을 챙겨 달려든다.

최선장에게 명함을 내미는 현수.

현수 회장님께서 마지막으로 제안 드리는 거예요.

최선장 아이고, 이거 왜 이러시나 진짜. 우린 도장 같은 거 없다니까.

현수 액수 확인하시면 저한테 절하실 겁니다.

최선장 (웃으며) 와, 이 꼬마 농담도 잘하네.

S#071

부둣가 - 최선장 사무실 N / S CUT 22

최선장의 손등에 송곳을 박아버리는 현수. 다들 연장을 챙겨 달려든다.

CUT 10

현수 (무표정) 제가 지금 웃고 있습니까?

CUT 11

최선장, 현수를 바라보다 웃음이 사그라진다.
그러고는 명함 쪽으로 눈이 가는 최선장.

CUT 12

최선장 시선으로 보이는 명함.

CUT 13

명함으로 손을 가져가는 최선장.

CUT 14

명함에 손을 대는 최선장.

S#071

부둣가 - 최선장 사무실 N / S CUT 22

최선장의 손등에 송곳을 박아버리는 현수. 다들 연장을 챙겨 달려든다.

움찔하며 몸을 일으키는 현수.

책상 위에 놓인 송곳을 빠르게 잡는다.

현수, 송곳을 들어 최선장 손등으로 향한다.

최선장의 손등에 송곳을 박아버리는 현수.

S# 072-073

부둣가 – 최선장 사무실 앞 N / L CUT 2

싸움이 시작된 사무실. 밖에서 지켜보던 재호와 병갑. 재호, 초조해한다.

불이 켜진 최선장 사무실 창가로 검은 실루엣들이 바삐 오가며 시끄러운 욕설이 들린다. 선원들 밥을 챙겨주던 아줌마가 비명을 지르며 문을 열고 뛰쳐나간다. 그 모습을 지켜보는 재호. 카메라 옆으로 돌리면 소변을 보고 있는 병갑. 계속 걱정스러운 눈빛으로 재호를 바라본다. 최대한 빨리 마무리 하려다 손에 소변이 묻은 병갑. 달려와서 재호에 몸에 손을 대자 질겁하며 짜증을 내는 재호. 병갑에게 말한다.

재호 시작하자.
병갑 똥 마련 개새끼도 아니고 왜 이렇게 급해?
(지퍼를 올리며) 한번에 모아서 잡아야 될 거 아냐. 왜? 걔 걱정되냐?

아무 대답 없는 재호.

S#073

부둣가 - 최선장 사무실 N / S CUT 4

위기에 닥친 현수 일행.

책상에 깊이 박힌 송곳을 뽑아내고 있는 최선장.
괴성을 지르며 고통스러워한다.
책상을 질질 끌면서 도망가는 최선장.

질질 끌려가는 책상과 송곳이 박힌 손 사이로
보이는 사내들의 피 튀기는 싸움.

수적 열세를 극복하며 잘 싸우는 현수.

어느덧 송곳을 다 뽑아낸 최선장이 피가 흐르는
손을 움켜쥐고 외친다.

최선장 뭐 해, 이 새끼들아! 빨리 죽여버려!

S#
074

S#074

부둣가 - 최선장 사무실 앞 N / L CUT 19

사무실로 합류하려는 최선장 패거리. 반대쪽에 재호 패거리가 우르르 나온다. 맞부딪치는 사람들. 그 사이를 걸어가는 재호.

CUT 1

불안한 표정으로 사무실을 바라보고 있는 재호. 그때 병갑이 입을 연다.

CUT 2

병갑 (씨익) 왔네.

CUT 3

병갑의 시야로 스무 명가량의 작업복 차림의 선원들이 보인다.

CUT 4

각자 연장을 들고 최선장 사무실로 뛰어가고 있는 선원들.

CUT 5

재호 어이~!

갑자기 선원들을 부르는 재호.

S#074

부둣가 - 최선장 사무실 앞 N / L CUT 19

사무실로 합류하려는 최선장 패거리. 반대쪽에 재호 패거리가 우르르 나온다. 맞부딪치는 사람들. 그 사이를 걸어가는 재호.

사무실로 들어가려는 최선장 패거리가 멈춰 서서 재호를 바라본다.

병갑 야, 뭐 해?

앞으로 걸어나가는 재호.

재호, 뒤돌아 보며

재호 (씨익) 잠깐 놀다 올게. 가끔 현장 뛰면 재밌잖아.

재호가 최선장 패거리 쪽으로 성큼성큼 걸어나간다.

S#074

부둣가 – 최선장 사무실 앞 N / L CUT 19

사무실로 합류하려는 최선장 패거리. 반대쪽에 재호 패거리가 우르르 나온다. 맞부딪치는 사람들. 그 사이를 걸어가는 재호.

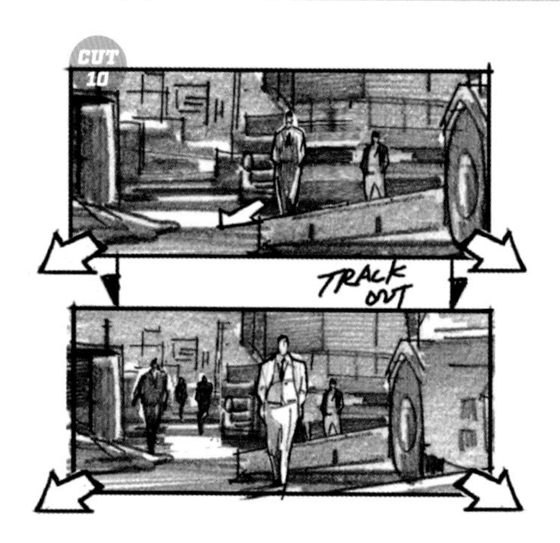

재호의 걸음걸이에 맞춰서 행진곡풍의 신나는 로큰롤 음악이 시작된다. 음악이 시작되자, 재호의 뒤쪽 그림자 안에서 우르르 나오는 재호의 부하들.

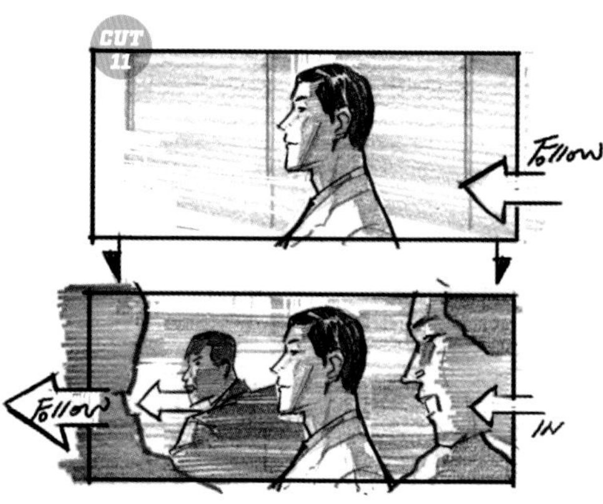

재호의 부하들이 걸어가는 재호를 앞질러 뛰어간다.

맞은편에서 달려오는 최선장 패거리 쪽으로 뛰어가는 재호의 부하들.

S#074

부둣가 - 최선장 사무실 앞 N / L CUT 19

사무실로 합류하려는 최선장 패거리. 반대쪽에 재호 패거리가 우르르 나온다. 맞부딪치는 사람들. 그 사이를 걸어가는 재호.

항만사무실 앞에서 맞부딪치는 재호 부하들과 최선장 패거리.

싸우는 재호 부하들과 최선장 패거리.

쇠파이프들과 칼이 부딪치며 피가 튀기기 시작한다.

피 튀기는 싸움판을 유유히 헤치며 걸어가는 재호의 뒷모습.

부둣가 – 최선장 사무실 앞 N / L CUT 19

사무실로 합류하려는 최선장 패거리. 반대쪽에 재호 패거리가 우르르 나온다. 맞부딪치는 사람들. 그 사이를 걸어가는 재호.

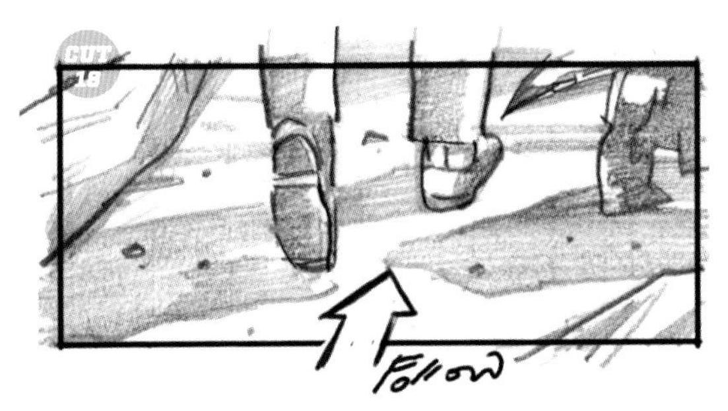

피 튀기는 싸움판을 유유히 헤치며 걸어가는 재호의 다리.

그 모습을 멀리서 지켜보는 병갑.

S#
075

S#075

부둣가 - 최선장 사무실 N / S CUT 12+

위기의 현수. 재호의 등장. 위기에 빠진 현수를 구해주는 재호.

CUT 1

사무실 안으로 문을 열고 들어오는 재호.

재호 자기야! 나 왔다!

CUT 2

최선장 무리 중 한 명이 재호에게 달려든다.

CUT 3

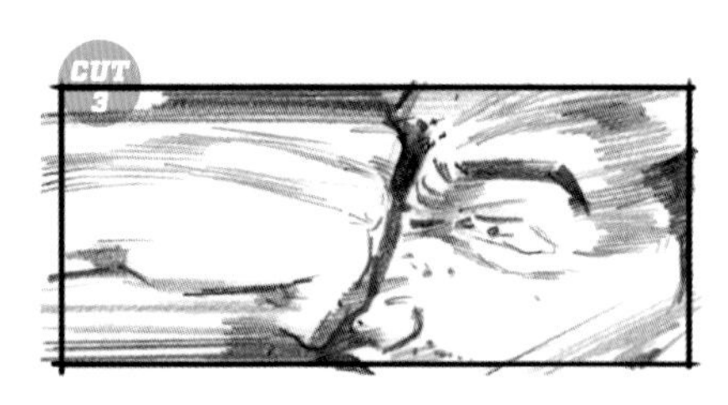

재호의 주먹에 맞는 최선장 무리.

CUT 4

한 바퀴 돌아 바닥에 고꾸라져버린다.

S#075

부둣가 - 최선장 사무실 N / S CUT 12+

위기의 현수. 재호의 등장. 위기에 빠진 현수를 구해주는 재호.

한편, 건너편 쪽에서 싸우고 있던 현수가 재호를 바라본다. 재호에게 달려가는 최선장 무리. 그들을 거침없이 무찌르는 재호의 모습. 재호, 현수를 바라보면 현수가 거침없이 최선장 무리를 내리치고 있다. 그때 커다란 발 하나가 들어와 현수를 친다. 나가떨어지는 현수. 화면 안으로 들어오는 2미터의 거구. 성큼성큼 다가와 현수를 집어 든다.

S#075

부둣가 - 최선장 사무실

N / S　　CUT 12+

위기의 현수. 재호의 등장. 위기에 빠진 현수를 구해주는 재호.

현수를 집어 든 2미터 거구.

당황한 현수의 얼굴.

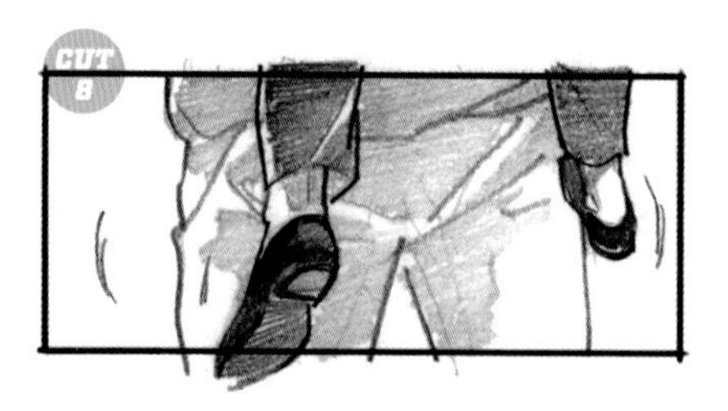

발버둥 치는 현수의 다리.

한 손으로 현수를 들어 올린 2미터 거구.
발버둥 치는 현수.

S#075

부둣가 - 최선장 사무실 N / S CUT 12+

위기의 현수. 재호의 등장. 위기에 빠진 현수를 구해주는 재호.

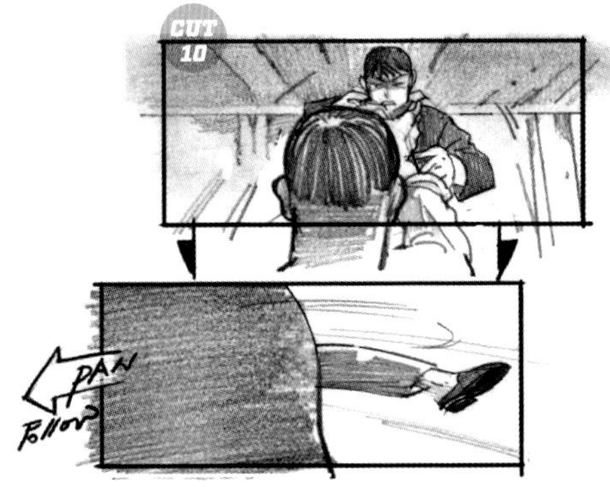

현수를 집어 든 2미터 거구.

현수를 던져버리는 2미터 거구.

벽에 부딪히는 현수.

액션 씬 계속~

S#
083

S#083

러시아 클럽 - 복도/화물 엘리베이터 N/S CUT 7

현수를 의심하는 재호. 몸수색을 하고 아무것도 나오지 않자 미안해하는 재호. 현수는 화를 낸다.

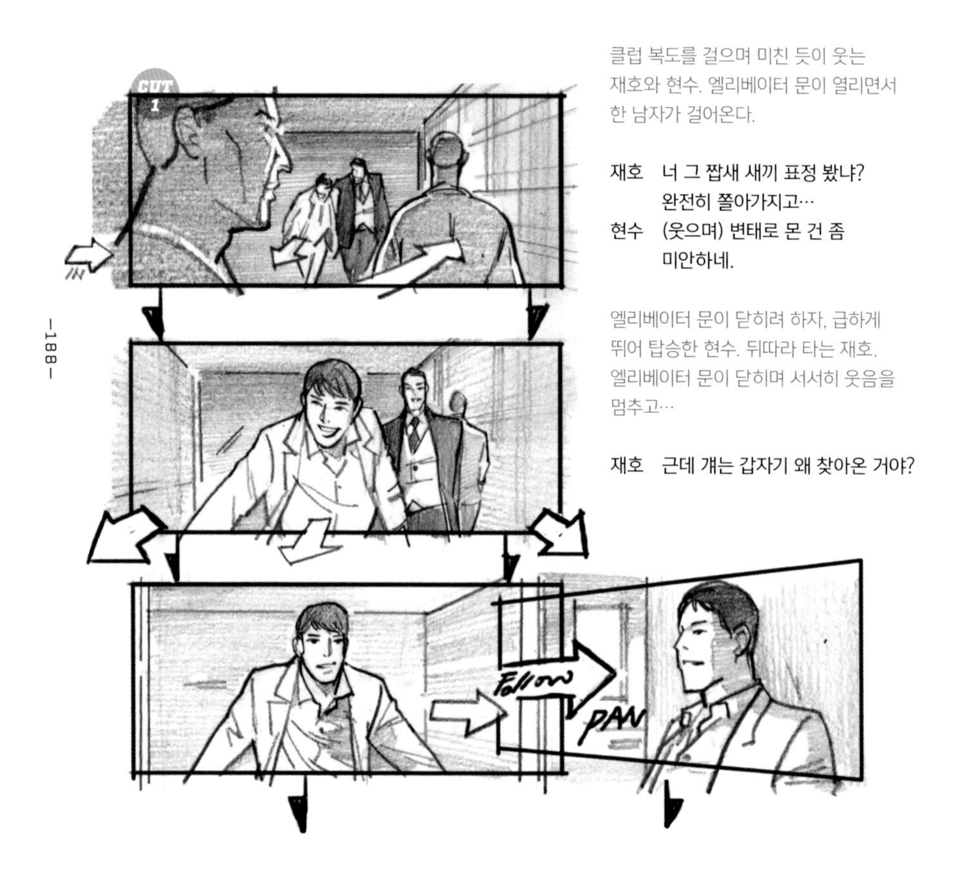

클럽 복도를 걸으며 미친 듯이 웃는 재호와 현수. 엘리베이터 문이 열리면서 한 남자가 걸어온다.

재호 너 그 짭새 새끼 표정 봤냐? 완전히 쫄아가지고…

현수 (웃으며) 변태로 몬 건 좀 미안하네.

엘리베이터 문이 닫히려 하자, 급하게 뛰어 탑승한 현수. 뒤따라 타는 재호. 엘리베이터 문이 닫히며 서서히 웃음을 멈추고…

재호 근데 걔는 갑자기 왜 찾아온 거야?

S#083

러시아 클럽 – 복도/화물 엘리베이터 N/S CUT 7

현수를 의심하는 재호. 몸수색을 하고 아무것도 나오지 않자 미안해하는 재호. 현수는 화를 낸다.

엘리베이터 벽에 손을 대고
현수를 벽으로 밀어붙이는 재호.

현수 (손목을 흔들어 보이며)
시계 부숴잖아.
재호 그게 다야?

재호 눈빛이 바뀌며 갑자기
한 손으로 현수의 셔츠를 확
뜯어낸다.

현수 뭐 하는 거예요?

러시아 클럽 - 복도/화물 엘리베이터

N/S CUT 7

현수를 의심하는 재호. 몸수색을 하고 아무것도 나오지 않자 미안해하는 재호. 현수는 화를 낸다.

그러고는 현수를 돌려 엘리베이터 벽으로 밀어붙인다.

현수 지금, 나 의심하는 거야?

현수의 뒤쪽을 뒤져보는 재호.
반항하자, 거칠게 현수를 제압하는 재호.

재호 (위협적) 가만히 있어.

현수의 다리 쪽으로 내려가 뒤지는 재호.
현수, 포기한 듯이 벽에 붙은 채 눈을 감는다.

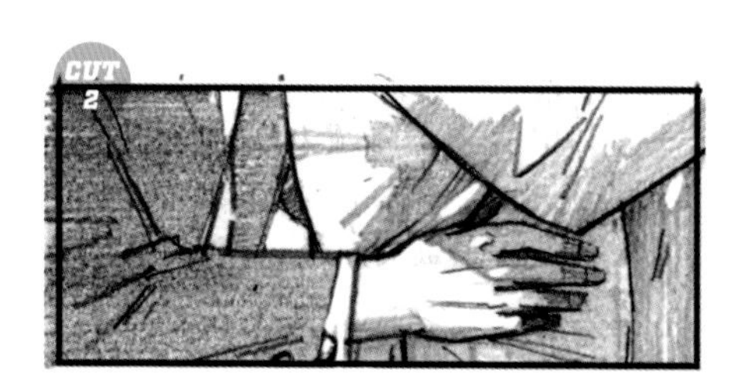

현수의 몸에서 아무것도 나오지 않는다.

S#083

러시아 클럽 - 복도/화물 엘리베이터 N / S CUT 7

현수를 의심하는 재호. 몸수색을 하고 아무것도 나오지 않자 미안해하는 재호. 현수는 화를 낸다.

CUT 3

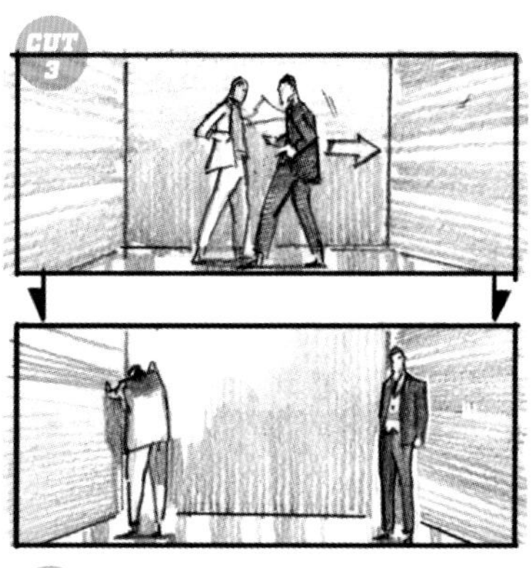

한숨을 쉬며 물러서는 재호. 그런 재호를 밀쳐버리는 현수.

현수 만족해요, 이제?
재호 …

화가 난 듯 허공에 소리 지르는 현수.

현수 씨발 진짜!

CUT 4

아무 말 없이 엘리베이터 벽에 기대어 있는 재호. 이를 슬프게 바라보는 현수가 입을 연다.

CUT 5

현수 형은 대체… 내가 뭘 어떻게 해야 믿어줄 거야?

CUT 6

아무 말 없이 현수를 바라보는 재호.

CUT 7

그런 재호를 바라보는 현수.

S#
085

S#085A

폐건물 사무실 - 앞 N / L CUT 4

재호의 자동차가 폐건물 사무실 앞에 선다. 차에서 내리는 두 남자.

폐건물로 들어오는 재호의 차.

사무실 앞에 서는 재호의 차.
현수와 재호가 내린다.

사무실로 향하는 재호와 현수.

계단으로 올라간다.

S#085B

폐건물 사무실 – 사무실 1 N/O CUT 11

사람을 믿지 못하는 이유를 이야기하는 재호. 이해하는 현수.

CUT 1

반쯤 부서진 사무실. 깨진 오세안수산 거울이 보인다.

CUT 2

낡은 2002년 오세안수산 달력이 보인다.

CUT 3

바닥에 굴러다니는 낡은 야구공.

CUT 4

데스크에 걸터앉은 재호와 서서 재호를 바라보는 현수.

OPTION

CUT 5

재호 내가 니 나이 때쯤부터야. 여기서 시작했어. 그리고 지금까지 오는데 나한테 몇 놈이 붙었다가 떨어진지 알아?

S#085B

폐건물 사무실 - 사무실 1 N/O CUT 11

사람을 믿지 못하는 이유를 이야기하는 재호. 이해하는 현수.

현수 …

재호 이제는 내가 20년간 모신 영감도 앞에서는 웃으면서 뒤로는 내 목을 따고 싶어해. (웃음) 너 같으면 내가 누굴 믿는 게 가능할 거라고 보냐?

재호를 짠하게 바라보는 현수. 재호에게 다가간다.

고개를 끄덕이며 재호에게 다가가는 현수.

현수 알았어요. 나 믿으라고 강요 안 할게.

재호 옆에 걸터앉은 현수.

현수 근데… (웃으며) 나는 형 믿어요. (주위를 둘러보며) 근데 여기 너무 후지다. 와, 형 많이 성공했네.

폐건물 사무실 - 사무실 1 N / O CUT 11

사람을 믿지 못하는 이유를 이야기하는 재호. 이해하는 현수.

현수를 보며 피식 웃는 재호.

재호를 보며 피식 웃는 현수.

S#
092

S#092A

활주로 D / S, L CUT 17

천팀장의 테스트를 잘 넘긴 현수.

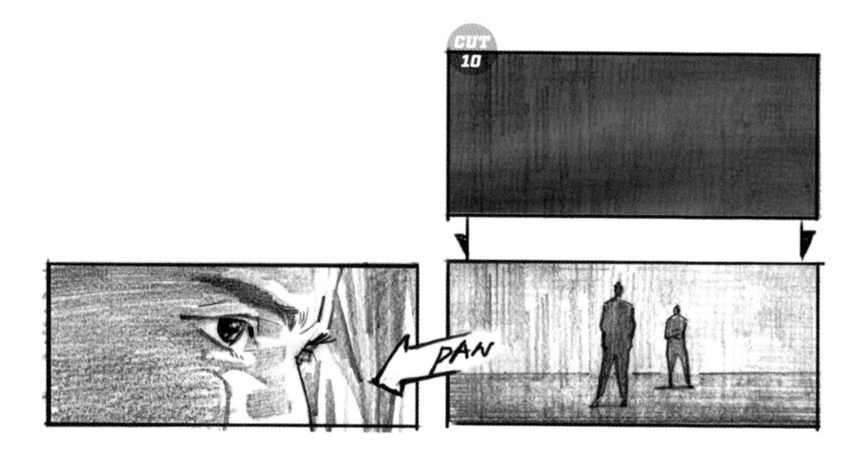

깜깜한 어둠 속에서 거친 현수의 호흡소리가 들린다. 해어진 복면 안의 시점으로 한 사람의 검은 실루엣이 보인다.

현수 누구야…?

복면 밖으로 비춰진 아무런 대답이 없는 검은 실루엣.

현수 누구냐고 씨발!
남자 어이, 짭새 새끼.

카메라가 돌면 복면 안의 현수의 눈동자가 보인다. 흔들리는 현수의 눈동자.

현수 짭새라니. 그게 뭔 개소리야.
남자(E) 한재호가 이미 다 불었다. 니 죽이라고 시킨 게 누구 같나?
현수 … 뭐?

S#092A

활주로 D / S, L CUT 17

천팀장의 테스트를 잘 넘긴 현수.

그때 퍽 소리와 함께 비명을 지르며 털썩 넘어지는 복면 안의 현수. 카메라 더치. 퍽! 퍽! 퍽! 소리와 함께 현수를 때리는 소리들.

남자(E) 야, 기름 갖고 와.

복면 안의 현수의 얼굴 위로, 휘발유통이 끌리는 소리가 들린다.

남자(E) 부어.

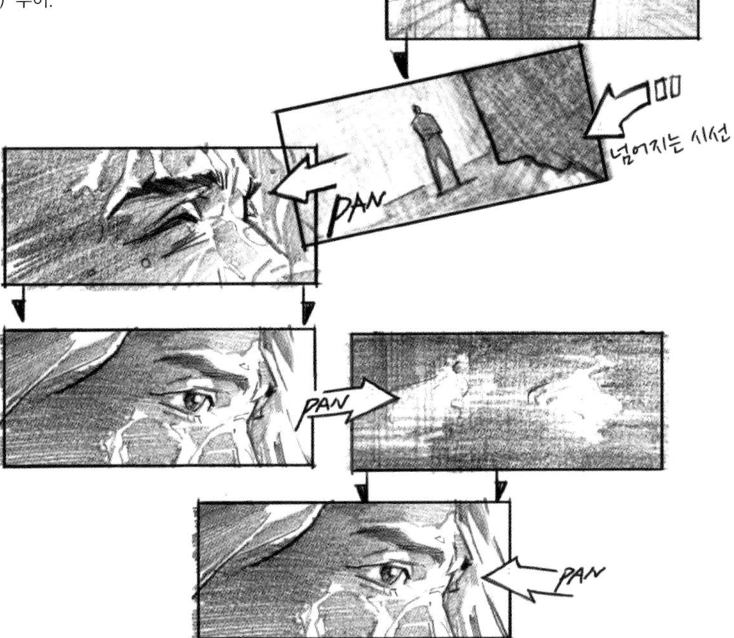

콸콸콸 소리와 함께 복면 안으로 들어오는 기름. 곧이어 찰칵 소리가 나며 지포라이터 불이 켜진다. 넘어진 현수의 앞에 앉아 얼굴 앞으로 라이터를 가져다 대는 남자의 손. 복면 안 현수의 시선으로 라이터 불빛이 아른아른 보인다.

S#092A

활주로 D / S, L CUT 17

천팀장의 테스트를 잘 넘긴 현수.

현수 시선으로 보이는 라이터 불빛.

남자 마지막으로 전할 말 있음 하그라. 5초 줄게.

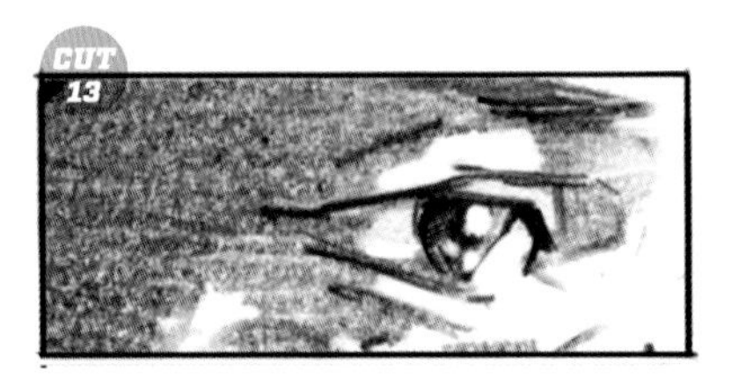

현수, 몸부림을 치며 라이터 불을 피하려고 한다.

남자(E) 5, 4…
현수 (고개를 돌려 라이터 불을 피하며) 잠깐만…

남자 2…

현수 어떻게 알았어!

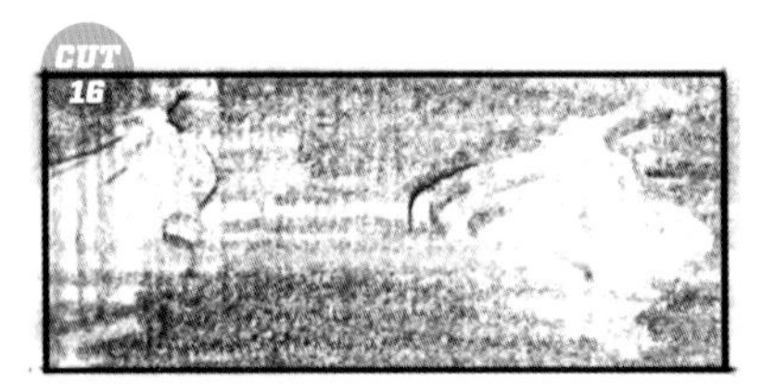

남자 1…

S#092A

활주로 D / S, L CUT 17

천팀장의 테스트를 잘 넘긴 현수.

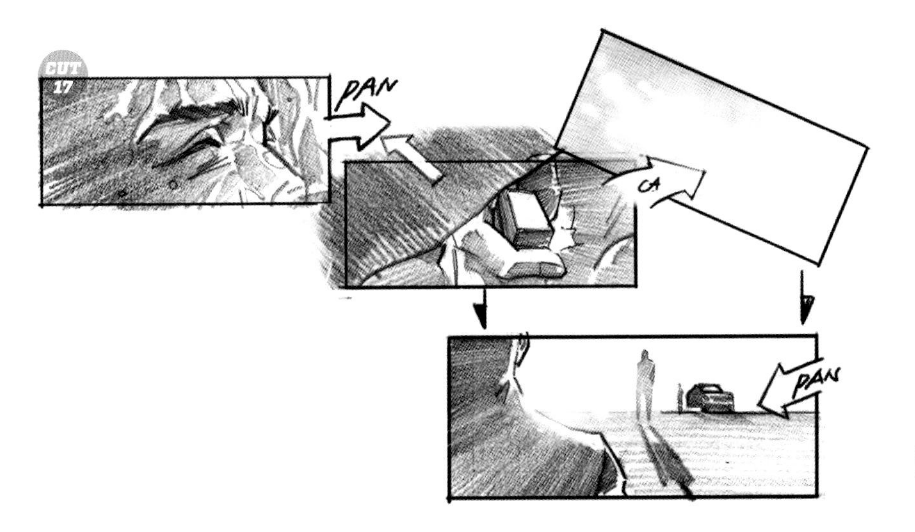

현수 … 한재호가 그걸 어떻게 알았냐고!

순간, 현수의 복면이 확 벗겨진다. 누워버리는 현수의 시선으로 하늘이 보이고.
넘어져 있는 현수의 시선으로, 앞에 서 있던 남자가 지포라이터를 탁! 닫는다.
그 남자 뒤로 멀리 보이는 천팀장과 민철.

S#
097

S#097

바닷가 N / L CUT 10

바닷가에서 즐겁게 놀고 있는 재호와 현수, 패거리. 차 안에서 맥주를 마시며 이야기를 나누는 재호와 현수. 그들을 바라보는 병갑.

Dissolve

서정적인 피아노 음악이 흐르면서 불꽃놀이를 하는 재호와 현수, 영근을 비롯한 패거리. 각자 폭죽을 하나씩 들고 서로에게 장난을 치는 현수와 재호. (디졸브)

Dissolve

모닥불을 피워놓고 이를 지켜보는 부하들. (디졸브)

Dissolve

폭죽 200개가량의 묶음을 아랫부분에 대고 소리를 지르며 하늘에 난사하는 재호.
마치 거대한 불꽃 오줌이 나오는 형상.
그 모습을 보며 미친 듯이 웃는 현수. (디졸브)

S#097

바닷가 N / L CUT 10

바닷가에서 즐겁게 놀고 있는 재호와 현수, 패거리. 차 안에서 맥주를 마시며 이야기를 나누는 재호와 현수. 그들을 바라보는 병갑.

CUT 1

불씨가 사그라져 재 위로 연기만 피어오르는 모닥불 옆에서 뻗어서 자는 영근과 부하들.

천천히 카메라가 뒤로 계속 빠지면서 재호의 차창을 통과하여 바다를 보며 맥주를 마시고 있는 재호와 현수의 뒷모습으로까지 카메라가 빠진다.

CUT 2

현수 형, 이렇게 사는 거,
안 지겨워요?

CUT 3

재호 뭐가?

S#097

바닷가 W / L CUT 10

바닷가에서 즐겁게 놀고 있는 재호와 현수, 패거리. 차 안에서 맥주를 마시며 이야기를 나누는 재호와 현수. 그들을 바라보는 병갑.

CUT 4

현수 그냥… 옆에서 보면 어쩔 땐 참 피곤하겠다 싶어서…

CUT 5

재호 이렇게 살고 싶어서 사는 게 아니라, 살려고 이렇게 사는 거야. 인생에서 벌어지는 일이라는 게 말야… 대부분 뒤통수에서 오게 돼 있거든… 눈앞에서 오는 게 아니란 말이야. 현수야, 그러니까 너도 자주 돌아보면서 살아야 돼.

CUT 6

현수 (끄덕) 하긴… 나도 우리 엄마가 그렇게 될 줄 누가 알았겠어요.

CUT 7

씁쓸히 웃는 현수를 바라보는 재호.

재호 그런 일 없었으면… 니가 내 옆에 없었겠지?

S#097

바닷가 W / L CUT 10

바닷가에서 즐겁게 놀고 있는 재호와 현수, 패거리. 차 안에서 맥주를 마시며 이야기를 나누는 재호와 현수. 그들을 바라보는 병갑.

재호의 물음에 대답 없이 바다를 바라보는 현수.

멀리서 붉은 해가 떠오른다. (병갑 시선)

차에서 재호와 현수를 보고 있는 병갑.

병갑 씨발, 아주 그림이네.

S#
105

S#105

독항선 항구 – 독항선 앞 N / L CUT 12

독항선을 진압하는 경찰들과 진압대. 특수기동대와 함께 독항선을 오르는 천팀장과 팀원들.

화면을 메우던 음악이 서서히 사라지면, 새까만 항구에 세워진 차량 앞에 영근을 비롯한 사내들이 담배를 피우며 대기하는 모습이 전경으로 보인다.

담배를 피우고 있는 영근과 부하들. 뭔가 이상해 영근 뒤돌아본다.

뒤돌아보는 영근. 카메라가 영근에게 다가가면 저 멀리 암흑 속에서 헤드라이트가 켜진다.

갑자기 밝아진 헤드라이트에 놀라는 영근과 부하들.

S#105

독항선 항구 - 독항선 앞 N / L CUT 12

독항선을 진압하는 경찰들과 진압대. 특수기동대와 함께 독항선을 오르는 천팀장과 팀원들.

화면이 넓어지면 보이는 수많은 헤드라이트.

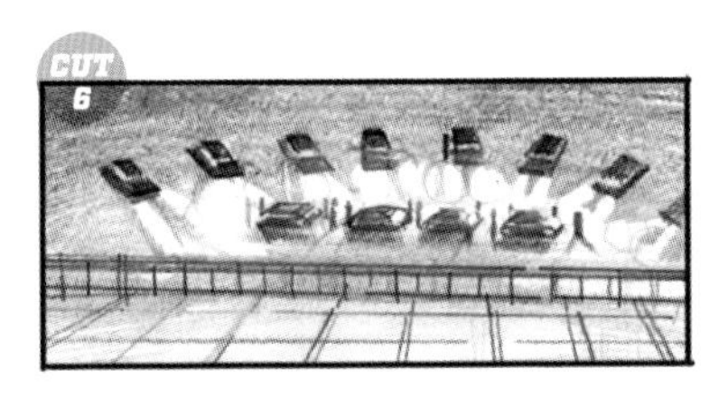

화면이 더 넓어지면 여러 대의 헤드라이트들이 주위를 포위하고 있다.

차 문 열리는 소리가 나며 암흑 속에서 또각또각 걸어나오는 천팀장. 곧이어 등장하는 특수기동대원들이 영근을 비롯한 무리에게 총을 겨눈다.

손을 드는 영근을 비롯한 병철 부하들의 모습이 걸어가는 천팀장의 시선으로 보인다.

S#105

독항선 항구 – 독항선 앞 N / L CUT 12

독항선을 진압하는 경찰들과 진압대. 특수기동대와 함께 독항선을 오르는 천팀장과 팀원들.

병철 일행 무리 사이를 지나가는 천팀장.

배 쪽으로 다가가는 천팀장.

배로 다가가는 천팀장의 시선.

자신감 있게 걸어가는 천팀장,
다시 시작되는 신나는 음악.

S#
117

S#117

남성 목욕탕 – 샤워장 D / O CUT 17

샤워하고 있는 병갑을 도발해서 현수의 실체를 알아내는 천팀장.

샤워장에 서서 문신 가득한 부하들과 콧노래를 부르며 샤워를 하고 있는 병갑. 갑자기 옆의 한 손님이 놀란 듯 밖으로 뛰어나간다.

신나게 머리를 감고 있는 병갑과 부하들.
그런데 갑자기 물이 끊겨버린다.

신경질적으로 샤워기 레버를 내려보지만 나오지 않는 물. 부하들이 뒤를 돌아보곤 깜짝 놀라 주요 부위를 가리고 도망치듯 나간다. 뒤를 돌아보는 병갑.

S#117

남성 목욕탕 - 샤워장 D / D CUT 17

샤워하고 있는 병갑을 도발해서 현수의 실체를 알아내는 천팀장.

샤워장 안에 신발을 신은 채로 들어와 있는 천팀장.

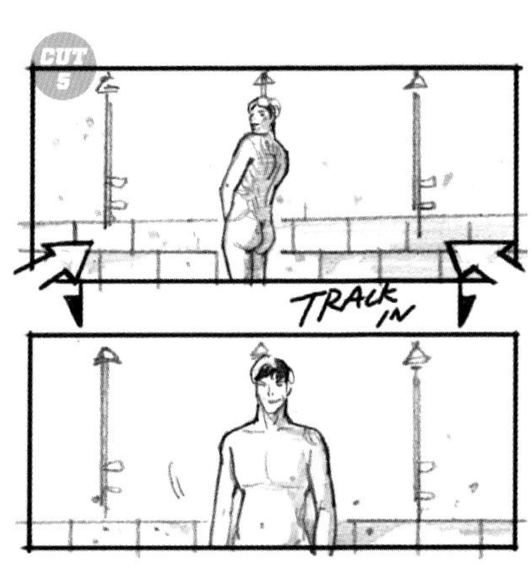

머리에 비누거품이 낀 채 천팀장을 보고 씨익 웃는 병갑. 손을 내리고 앞으로 걸어온다.

병갑　와, 이런 데서 또 만나네요.

천팀장　니네 삼촌, 회사에는 안 보이더라?

병갑　아, 여행 가셨나? 아름답게 은퇴하실 나이잖아요.

S#117

남성 목욕탕 - 샤워장 D / O CUT 17

샤워하고 있는 병갑을 도발해서 현수의 실체를 알아내는 천팀장.

천팀장 (끄덕) 그럼 한재호가 니 새 오야야?

천팀장의 말에 웃음이 사라지는 병갑.

천팀장 평생 삼촌 꼬봉 짓 하더니만 승진한 게 친구 가방 모찌네.

병갑 에이, 레파토리 뻔하시다.

자연스럽게 다른 쪽 샤워기에 걸린 수건을 허리에 두르며 이야기하는 병갑.

S#117

남성 목욕탕 – 샤워장 D/O CUT 17

샤워하고 있는 병갑을 도발해서 현수의 실체를 알아내는 천팀장.

뒤돌아 수건을 두르고 있는 병갑에게 다가가며

천팀장　근데 그 자리도 위험하지 않나? 듣기로는 너보다 한재호가 더 신뢰하는 꼬마애가 있다고 하던데.

병갑　(억지웃음) 신뢰는 무슨…

카메라 천천히 들어간다.

천팀장　(말 끊고 빠르게) 앞으로 니네 서열이 어떻게 될지 알려줄게. 한재호 다음이 그 꼬마고 넌 그 밑이 될 거야.

S#117

남성 목욕탕 – 샤워장 D/O CUT 17

샤워하고 있는 병갑을 도발해서 현수의 실체를 알아내는 천팀장.

병갑의 눈썹이 꿈틀댄다.
한 발자국 더 다가와 얼굴을 가까이 대고 쉬지 않고 빠르게 말을 이어가는 천팀장.

천팀장 조직생활 해봐서 너 같은 타입 잘 아는데, 원래 천성이 따까리인 새끼는 평생 이용만 당하다가…

병갑 (흥분) 씨발, 누가 따까리래! 진짜 이용당한 게 누군지 알려드려?

S#117

남성 목욕탕 – 샤워장 D / O CUT 17

샤워하고 있는 병갑을 도발해서 현수의 실체를 알아내는 천팀장.

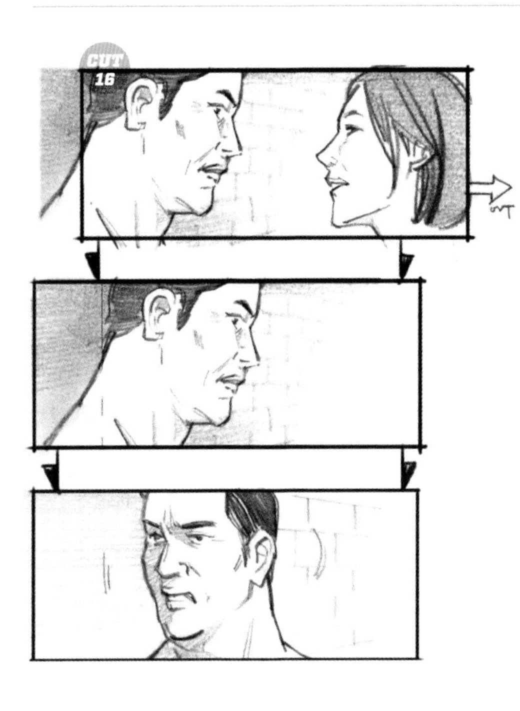

(컷 13의 마지막 사이즈)

병갑 우리가 니네 짜바리 새끼들 이용한 거야! 알아?!

천팀장 (그제야 얼굴을 떼며 끄덕)··· 그래.

천팀장 뒤도 안 돌아보고 휙 돌아 나가버린다. 흥분한 병갑, 순간 실수했다는 것을 깨닫는다.

병갑 아, 씨발 진짜··· (한숨) 뭐 어때··· (씨익) 게임 끝났는데.

혼자 목욕탕에 서 있는 병갑.

S#
131

S#131

폐건물 – 사무실 1 / 감청차량 N / O CUT 49

현수를 의심하는 재호. 확인해보라는 현수. 총을 겨누는 재호. 차 문을 박차고 나가는 민철과 형사들.

CUT 1

문 열리는 소리를 듣는 현수.

CUT 2

사무실 문이 열리며 들어오는 재호.
의자에 앉아 있는 현수를 보자 환히 웃는다.

재호 (아무 일 없다는 듯) 많이 기다렸어? 좀 늦었네.

재호, 현수의 표정을 살피더니 조금 떨어진 의자에 천천히 앉는다.

CUT 3

현수 (어색한 웃음) 왔으면 됐어요.

CUT 4

다리를 꼬는 재호.

재호 와, 아까 비 진짜 많이 오드라. 몸은… 괜찮아?

S#131

폐건물 – 사무실 1 / 감청차량 N / O CUT 49

현수를 의심하는 재호. 확인해보라는 현수. 총을 겨누는 재호. 차 문을 박차고 나가는 민철과 형사들.

CUT 5

현수 괜찮을 리가 있어요…? 나한테 총 쐈잖아요.

CUT 6

현수의 말에 피식 웃는 재호.

CUT 7

구두 밑창에 묻어 있는 피.

CUT 8

구두를 보고 있는 현수.

CUT 9

재호 그래, 니가 고생 많았다. (담배를 물고 불을 붙인다) 밑에 폐차들 사이에 이상한 못 보던 생수 차 한 대가 서 있네. 요즘은 생수 차도 선팅을 그리 심하게 하나봐?

S#131

폐건물 - 사무실 1 / 감청차량 N / O CUT 49

현수를 의심하는 재호. 확인해보라는 현수. 총을 겨누는 재호. 차 문을 박차고 나가는 민철과 형사들.

현수, 재호를 빤히 바라보다 일어선다.

현수 아직도 나 의심하는 거야? (재호에게 팔을 벌리고 다가가며) 뒤져봐요.

자신의 앞에 팔을 벌리고 다가서는 현수를 빤히 바라보는 재호.

감청차량

민철 뭐 하는 짓이야.

S#131

폐건물 - 사무실 1 / 감청차량 N / D CUT 49

현수를 의심하는 재호. 확인해보라는 현수. 총을 겨누는 재호. 차 문을 박차고 나가는 민철과 형사들.

재호의 앞에 서서 두 팔을 벌리고 입을 여는 현수.

현수 뒤져보라니까.

너무도 당당하고 태연하게 팔을 벌리고 서 있는 현수.

그런 현수를 바라보고 웃음 짓고는 일어서는 재호.

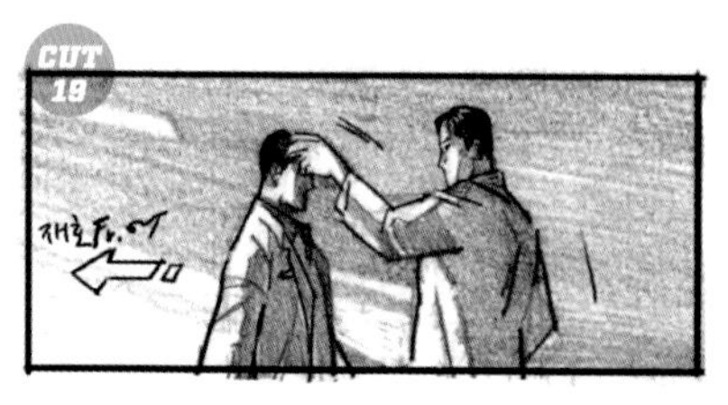

일어서서 현수의 머리를 쓰다듬는다. 걸어가며 입을 여는 재호.

S#131

폐건물 – 사무실 1 / 감청차량 N / O CUT 49

현수를 의심하는 재호. 확인해보라는 현수. 총을 겨누는 재호. 차 문을 박차고 나가는 민철과 형사들.

재호 (웃으며) 지겹다 진짜, 이 생활도.
현수야, 나 약 팔아치우고 일 확
접어버릴까?

현수 … 아뇨.

현수의 말에 걸음을 멈추는 재호, 뒤돌아본다.
카메라가 현수의 얼굴로 천천히 다가간다.

현수 형한테 이렇게 잘 어울리는 일이
어딨어. 뒤통수치는 새끼 죽이고,
대드는 새끼 죽이고, 맘에 안 드는 새끼
죽이고… 아, 고상무는 살아 있어요?

눈빛이 흔들리는 재호.

그런 재호를 바라보는 현수.

S#131

폐건물 – 사무실 1 / 감청차량 N / O CUT 49

현수를 의심하는 새호. 확인해보라는 현수. 총을 겨누는 재호. 차 문을 박차고 나가는 민철과 형사들.

둘 사이에 미묘한 긴장감이 돈다.

헤드폰을 벗어 던지는 천팀장.

천팀장 이런 개새끼!!

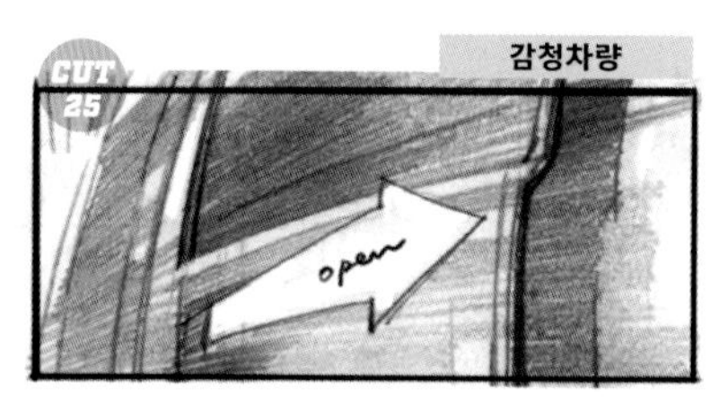

감청차량 문이 열린다.

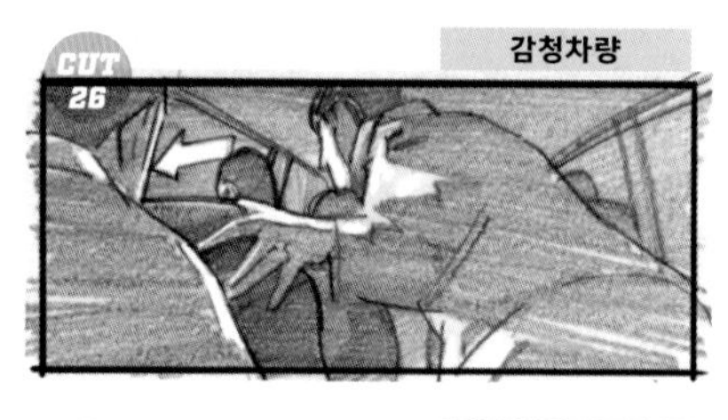

차 문을 박차고 나가는 민철과 형사들.

사무실로 뛰어가는 민철과 형사들.

S#131

폐건물 - 사무실 1 / 감청차량 N / O CUT 49

현수를 의심하는 재호. 확인해보라는 현수. 총을 겨누는 재호. 차 문을 박차고 나가는 민철과 형사들.

문이 열리며 사무실로 뛰어가는 민철과 형사들.

무표정으로 재호를 빤히 바라보다 입을 여는 현수.

현수 우리 엄마도 니가 죽였다며…

재호 …

재호를 담담한 표정으로 바라보는 현수.

재호가 온몸에 힘이 빠진 듯 깊은 한숨을 쉬며 현수를 외면한다.

S#131

폐건물 - 사무실 1 / 감청차량 N / O CUT 49

현수를 의심하는 재호. 확인해보라는 현수. 총을 겨누는 재호. 차 문을 박차고 나가는 민철과 형사들.

CUT 33

여전히 차가운 표정으로 재호를 바라보는 현수.

CUT 34

다시 현수를 바라보는 재호의 슬픈 표정.

CUT 35

둘 사이에 긴장감이 흐른다.

CUT 36

현수 기분이 어땠어? 진짜로 궁금해서 그러는데… 병신같이 지 엄마 죽인 놈 옆에 붙어 있는 새끼 보면서, 기분이 어땠어?

CUT 37

재호 …

S#131

폐건물 – 사무실 1 / 감청차량 N / O CUT 49

현수를 의심하는 재호. 확인해보라는 현수. 총을 겨누는 재호. 차 문을 박차고 나가는 민철과 형사들.

CUT 38

현수 재밌었어?

CUT 39

아무 대답 못 하고 현수를 바라보던 재호,
결심한 듯 뒤춤에서 총을 꺼낸다.

CUT 40

현수에게 겨누는 재호의 총.

CUT 41

슬픈 얼굴로 현수를 겨누고 있는 재호.

재호 (자신에게 이야기하듯) 내가 씨발, 진짜 뭐에 씌었나보다. 그래… 처음부터 내가 널 그냥 죽였어야 했어… 그게 맞아…

CUT 42

현수 …

S#131

폐건물 – 사무실 1 / 감청차량 N / O CUT 49

현수를 의심하는 재호. 확인해보라는 현수. 총을 겨누는 재호. 차 문을 박차고 나가는 민철과 형사들.

CUT 43

입을 꾹 다물고 방아쇠를 당기려는 재호의 손이 떨린다.

재호 씨발… 그냥… 끝까지… 모르지 그랬냐…

CUT 44

담담한 표정으로 재호를 바라보던 현수.

현수 뭐야, 설마 미안해서 못 쏘는 거예요?

소파에 앉으며 태연하게 얘기하는 현수.

현수 쏠 거면 빨리 쏴요. 곧 짭새들 올라올 거니까.

CUT 45

현수를 바라보는 재호.

CUT 46

현수 (차갑게 웃으며) 원래는 나랑 같이 나가서 약 확인하면 덮칠 계획이었는데.

S#131

폐건물 – 사무실 1 / 감청차량 N / O CUT 49

현수를 의심하는 재호. 확인해보라는 현수. 총을 겨누는 재호. 차 문을 박차고 나가는 민철과 형사들.

CUT 47

현수를 바라보는 재호.

CUT 48

현수 내가 또 다 망쳐버렸네. 어떡할래요?

CUT 49

재호 …

S# 133

S#133

폐건물 - 사무실 / 감청차량 N / O CUT 73

사무실로 들어오는 민철과 형사 2, 3. 재호는 안 보이고 현수만 있다. 현수에게 총을 겨누는 민철.
형사 2, 3은 사무실 2, 3으로 들어간다.

CUT 31

긴장한 표정의 민철에게 비웃듯 입을 여는 현수.

현수 무섭지?

CUT 32

민철 닥쳐…

CUT 33

현수 (일어서며) 총 나한테 줘. 그럼 너 살 수 있어. 너 같은 새끼들이 감당할 수 있는 사람이 아니야.

CUT 34

민철 씨발, 닥치라고 했다…

S#133

폐건물 – 사무실 / 감청차량 N/O CUT 73

사무실로 들어오는 민철과 형사 2, 3. 재호는 안 보이고 현수만 있다. 현수에게 총을 겨누는 민철.
형사 2, 3은 사무실 2, 3으로 들어간다.

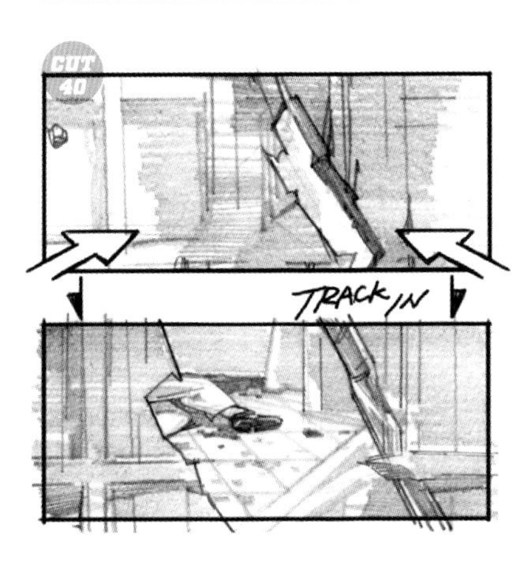

구멍으로 가까이 다가간 형사 3의 시점으로
보이는 형사 2의 시체.

형사 2의 시체를 보고 놀라는 형사 3.

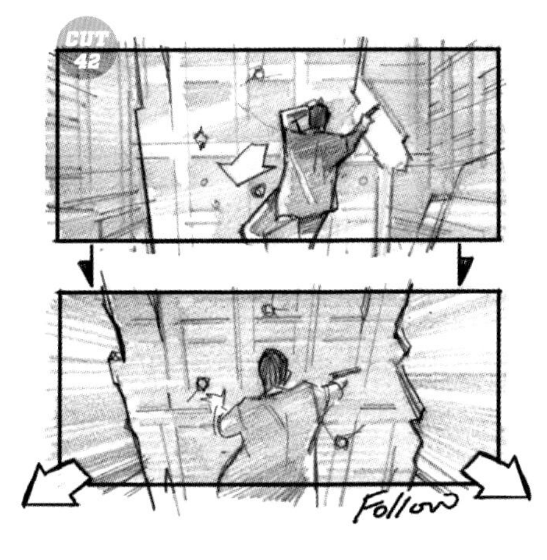

그때 갑자기 나무로 된 낡은 가벽이 부서지며
가벽 자체가 형사 3에게 밀려 들어온다.

S#133

폐건물 – 사무실 / 감청차량 N/O CUT 73

사무실로 들어오는 민칠과 형사 2, 3. 재호는 안 보이고 현수만 있다. 현수에게 총을 겨누는 민철.
형사 2, 3은 사무실 2, 3으로 들어간다.

CUT 43

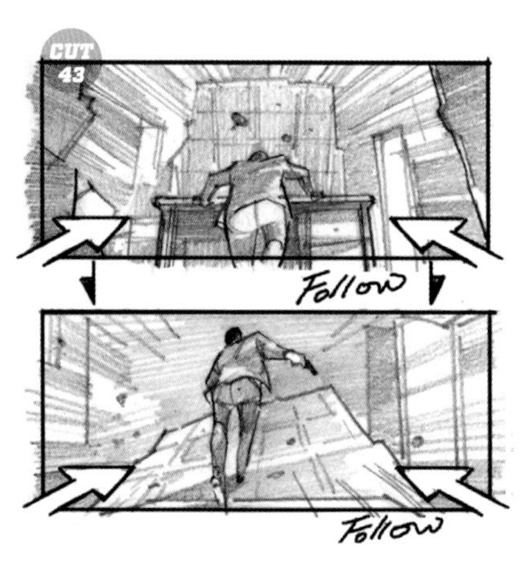

맞은편에서 보이는 재호. 책상을 밀어 가벽을 뚫고 가벽과 함께 책상을 밀고 들어오는 재호. 가벽이 기울어지자 책상을 밟고 뛰어 가벽 위로 올라가는 재호.

CUT 44

바닥에 밀리는 책상 다리.

CUT 45

가벽에 밀려 갇혀버린 형사 3. 위를 향해 총을 마구 쏜다.

CUT 46

가벽을 넘어 올라온 재호. 형사 3의 머리에 총을 당긴다. 탕! 탕! 탕! 재호의 얼굴에 피가 튄다.

S#133

폐건물 - 사무실 / 감청차량 N / O CUT 73

사무실로 들어오는 민철과 형사 2, 3. 재호는 안 보이고 현수만 있다. 현수에게 총을 겨누는 민철.
형사 2, 3은 사무실 2, 3으로 들어간다.

현수를 올라탄 민철.

민철을 바라보는 현수.

민철 너 이 개새끼, 씨발 무슨 개수작이야…!

현수의 다친 어깨를 짓누르는 민철. 고통스러워하며 발버둥 치는 현수.
그때 셔츠가 뜯어지면서 현수의 몸에 차고 있던 마이크가 보인다.

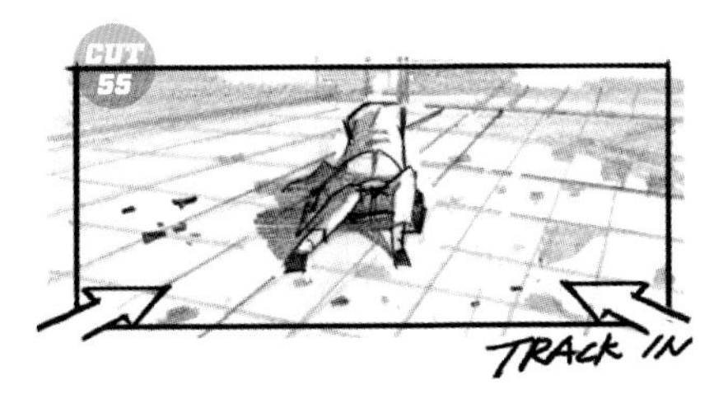

그때 민철의 뒷모습으로 다가오는 카메라.

S#133

폐건물 – 사무실 / 감청차량 N / O CUT 73

사무실로 들어오는 민철과 형사 2, 3. 재호는 안 보이고 현수만 있다. 현수에게 총을 겨누는 민철.
형사 2, 3은 사무실 2, 3으로 들어간다.

민철 뒤로 조용히 다가가는 재호. 민철에게 총을 겨눈다.

목에 총을 갖다 대는 재호.

망설임 없이 민철에게 방아쇠를 당긴다. 목에서 피를 내뿜는 민철.

S#133

폐건물 – 사무실 / 감청차량 N/O CUT 73

사무실로 들어오는 민철과 형사 2, 3. 재호는 안 보이고 현수만 있다. 현수에게 총을 겨누는 민철.
형사 2, 3은 사무실 2, 3으로 들어간다.

몸을 일으켜 재호를 빤히 올려다보는 현수.

그런 현수를 보는 재호.

현수 지금 안 죽이면 니가 죽어…

무언가를 보고 있는 재호.

S#133

폐건물 – 사무실 / 감청차량 N / D CUT 73

사무실로 들어오는 민철과 형사 2, 3. 재호는 안 보이고 현수만 있다. 현수에게 총을 겨누는 민철.
형사 2, 3은 사무실 2, 3으로 들어간다.

CUT 67

현수의 몸에 채워진 마이크가 보인다.

CUT 68

감청차량

이 모든 상황을 듣고 있던 천팀장의 뒷모습.

CUT 69

감청차량

무표정하게 듣고 있는 천팀장.

CUT 70

재호, 말없이 현수를 바라보다 현수에게
다가간다.

S#133

폐건물 – 사무실 / 감청차량 N / D CUT 73

사무실로 들어오는 민철과 형사 2, 3. 재호는 안 보이고 현수만 있다. 현수에게 총을 겨누는 민철.
형사 2, 3은 사무실 2, 3으로 들어간다.

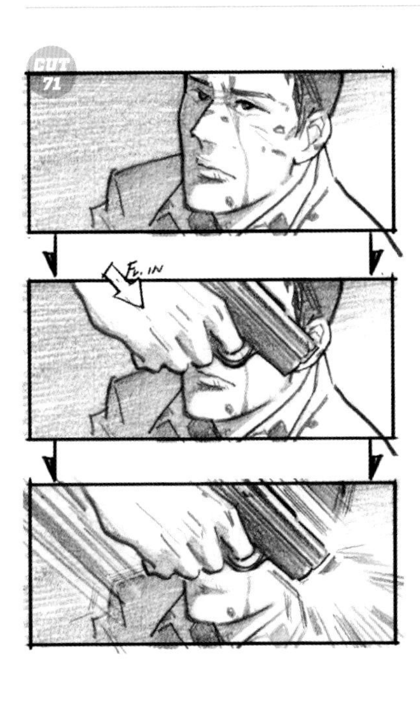

현수의 귀 옆쪽에 총을 발사하는 재호.

고막을 다친 듯 자신의 귀를 부여잡는 현수. 그런 현수를 뒤로 두고 조용히 나가버리는 재호.

고통스러워하는 현수.

S#
134

S#134

폐건물 사무실 - 앞 N / L CUT 39

재호를 차로 받아버리는 천팀장. 현수에게 죽임을 당하는 천팀장. 재호를 죽이는 현수.

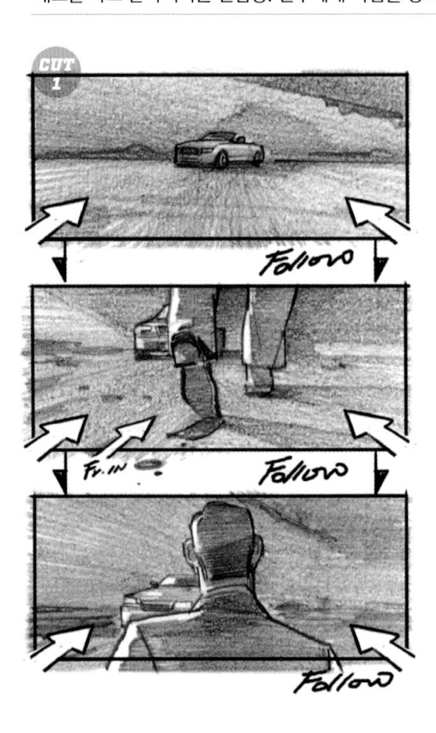

자신의 차로 절뚝거리며 걸어가는 재호. 다리에서 피가 뚝뚝 떨어진다.

고통과 슬픔에 일그러진 표정의 재호.
감청차량이 주차되어 있던 곳을 바라본다.

S#134

폐건물 사무실 – 앞 N / L CUT 39

재호를 차로 받아버리는 천팀장. 현수에게 죽임을 당하는 천팀장. 재호를 죽이는 현수.

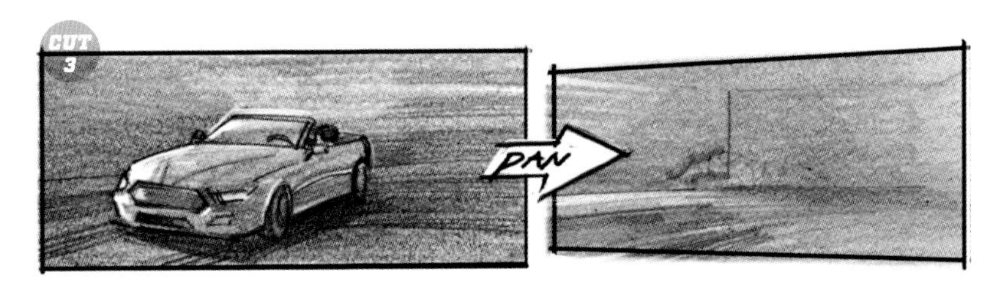

감청차량이 있어야 할 곳에 보이지 않는 감청차량.

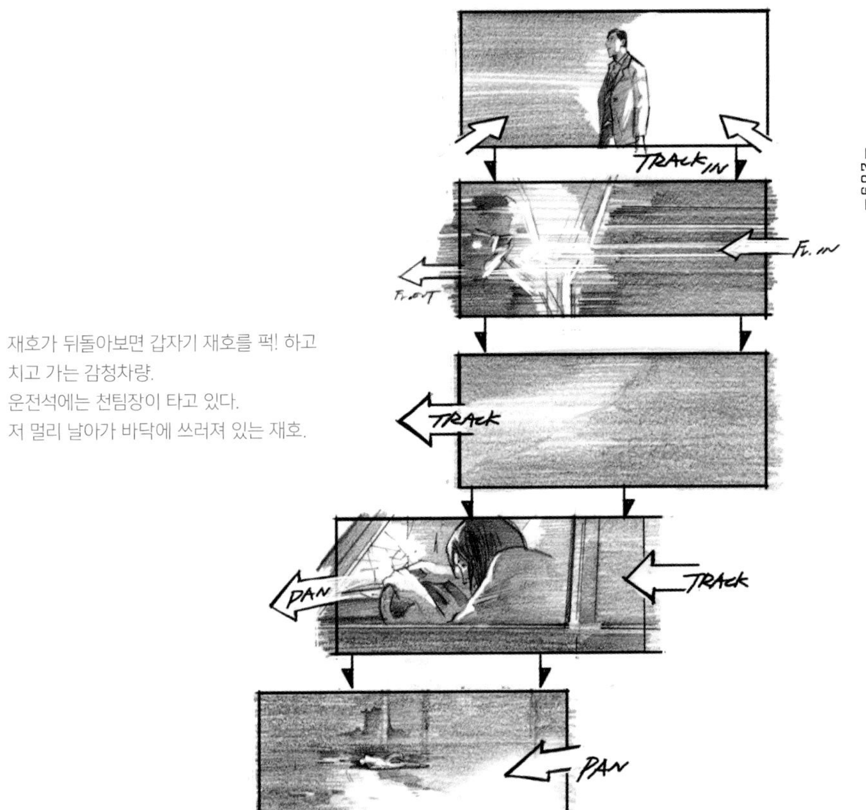

재호가 뒤돌아보면 갑자기 재호를 퍽! 하고 치고 가는 감청차량.
운전석에는 천팀장이 타고 있다.
저 멀리 날아가 바닥에 쓰러져 있는 재호.

S#134

폐건물 사무실 – 앞 N / L CUT 39

재호를 차로 받아버리는 천팀장. 현수에게 죽임을 당하는 천팀장. 재호를 죽이는 현수.

피범벅이 되어 바닥에 쓰러져 있는 재호에게 다가가는 카메라.

차에서 내리는 천팀장. 재호에게로 다가간다.

쓰러져 있는 재호.

천팀장, 다가와 재호를 잡고 소리 지른다.

천팀장 물건 어딨어? 물건 어딨냐고!

대답 없이 희미하게 눈을 뜨고 있는 재호.

S#134

폐건물 사무실 - 앞 N / L CUT 39

재호를 차로 받아버리는 천팀장. 현수에게 죽임을 당하는 천팀장. 재호를 죽이는 현수.

CUT 10

재호의 몸을 뒤지는 천팀장.

CUT 11

재호의 몸을 뒤져 차 키를 발견하는 천팀장.

CUT 12

재호의 차로 달려가는 천팀장.

CUT 13

재호의 차 문을 열고 차 안을 들여다보는 천팀장.

CUT 14

아무것도 보이지 않자 트렁크로 향하는 천팀장.

S#134

폐건물 사무실 - 앞 N / L CUT 39

재호를 차로 받아버리는 천팀장. 현수에게 죽임을 당하는 천팀장. 재호를 죽이는 현수.

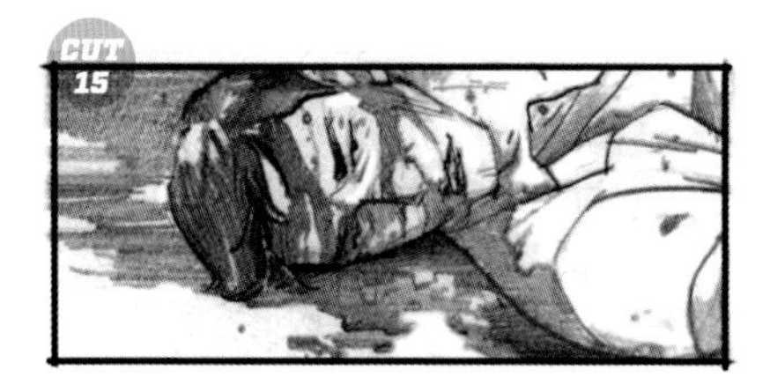

힘없이 이를 바라보는 피투성이의 재호. 모든 것을 포기한 듯한 재호가 어딘가를 바라보더니 슬픈 표정으로 웃기 시작한다.

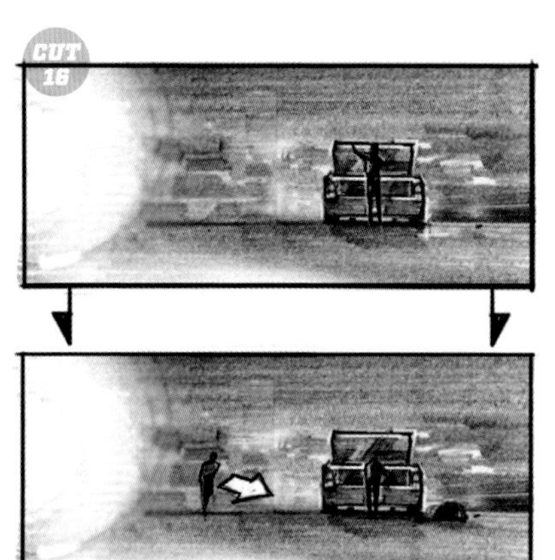

카메라가 재호의 시선이 되면 트렁크를 열고 있는 천팀장이 보인다. 그때 총을 들고 걸어 나오는 현수가 보인다. 현수, 재호 쪽을 잠시 바라보더니 방향을 돌려 걷기 시작한다.

그 모습을 바라보는 재호의 눈.

S#134

폐건물 사무실 - 앞 N / L CUT 39

재호를 차로 받아버리는 천팀장. 현수에게 죽임을 당하는 천팀장. 재호를 죽이는 현수.

트렁크를 뒤져보던 천팀장, 약을 찾은 듯이 소리를 지른다.

천팀장　됐어! 됐어! 내가 찾았어! 내가 해냈…

그때, 그런 천팀장의 뒤에서 총을 쏘며 다가가는 현수. 털썩 쓰러지는 천팀장. 그 모습 위로 계속해서 탕! 탕! 탕! 총을 쏴대는 현수. 그런 현수의 모습이 계속해서 멀리 재호의 시선으로 보인다.
권총에서 철컥철컥 소리가 나며 총알이 떨어질 때까지 쏴대는 현수.
현수, 고개를 돌려 재호를 바라보고는 천천히 다가간다.
쓰러진 재호의 앞에 멈춰 서는 현수.
재호의 손에 빈 권총을 쥐어주는 현수.
힘없이 슬픈 눈으로 현수를 올려보는 재호.

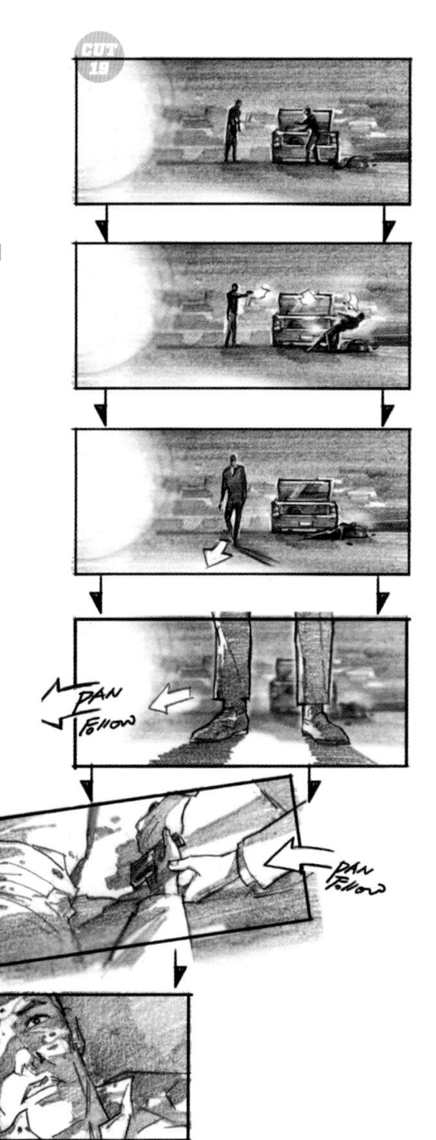

S#134

폐건물 사무실 – 앞 N / L CUT 39

재호를 차로 받아버리는 천팀장. 현수에게 죽임을 당하는 천팀장. 재호를 죽이는 현수.

CUT 19

재호를 바라보는 현수.

CUT 20

그런 현수에게 입을 여는 재호.

재호　너… 나 닮아가는 거… 아냐?

CUT 21

현수　…

CUT 22

그때 현수, 무릎을 꿇고 앉아 양손으로 재호의 입과 코를 틀어막는다. 숨이 막혀 힘없이 버둥대는 재호.

S#134

폐건물 사무실 - 앞 N / L CUT 39

재호를 차로 받아버리는 천팀장. 현수에게 죽임을 당하는 천팀장. 재호를 죽이는 현수.

금방이라도 터져나올 것 같은 울음을 꾹 참고 계속 재호의 숨구멍을 막는 현수.

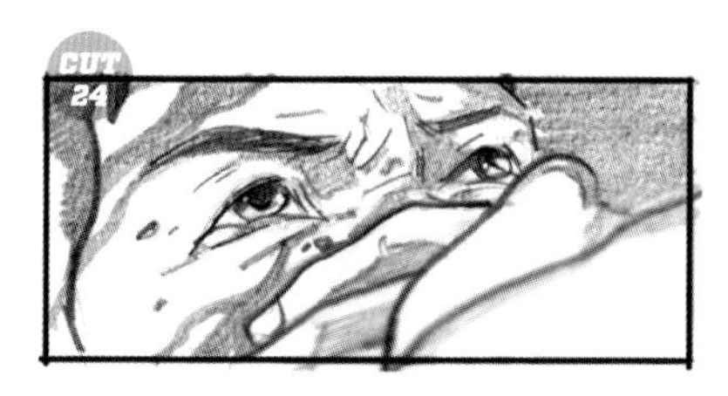

시뻘겋게 충혈된 재호의 눈. 천천히 눈동자에 힘이 풀린다.

눈물 가득한 눈으로 재호의 입을 막는 현수.

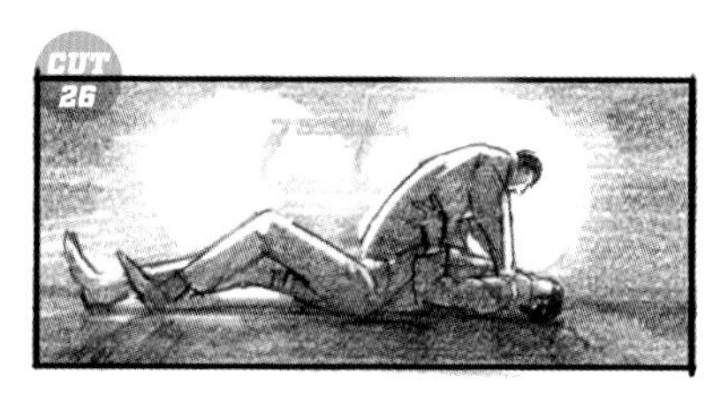

서서히 정신을 잃어가는 재호.

서서히 정신을 잃어가는 재호의 눈.

S#134

폐건물 사무실 - 앞 N / L CUT 39

재호를 차로 받아버리는 천팀장. 현수에게 죽임을 당하는 천팀장. 재호를 죽이는 현수.

CUT 28

그 모습을 바라보는 현수.

CUT 29

현수의 시선으로 눈을 뜬 채, 현수를 바라보며 죽음을 맞이하는 재호. 주저앉는 현수.

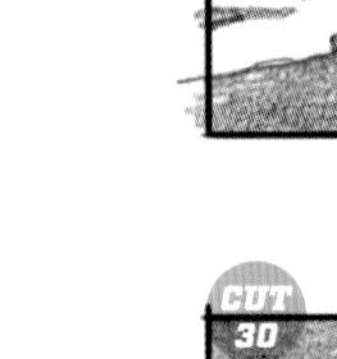

CUT 30

주저앉은 현수에게 카메라가 천천히 다가간다. 피투성이가 된 손으로 자신의 얼굴을 감싸 쥐는 현수.

S#134

폐건물 사무실 - 앞 N / L CUT 39

재호를 차로 받아버리는 천팀장. 현수에게 죽임을 당하는 천팀장. 재호를 죽이는 현수.

CUT 36

필로폰 앞에 엎어져 있는 천팀장의 시체가 보인다. 디졸브.

CUT 37

눈을 뜬 채 바닥에 누워 있는 재호의 시체, 손에는 총이 쥐어 있다. 디졸브.

CUT 38

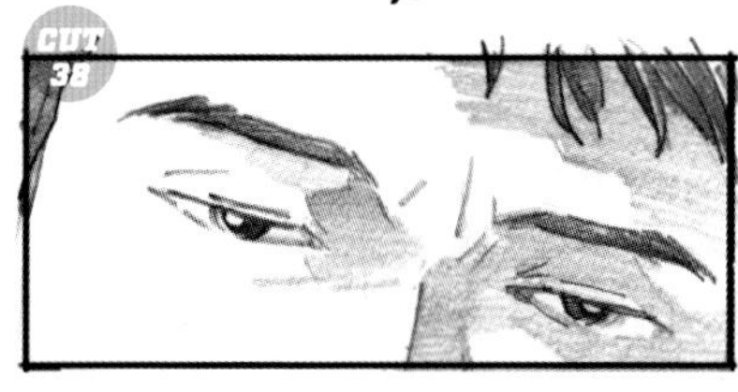

핏자국과 눈물자국으로 얼룩져 있는 현수의 눈. 그 위로 경찰 사이렌 소리가 들린다.

CUT 39

재호의 차 안에 기대어 앉은 현수의 허무한 얼굴이 오랫동안 보인다.
갑자기 참아왔던 눈물이 터지는 현수.
그런 현수에게 벌벌 떨며 총을 겨누고 있는 제복을 입은 순경 둘.

불한당

S# 135-137

S#135

경찰청 - 회의실 D / L, O CUT 3

회의실 안 창에서 보이는 사내들과 제복을 입은 청장. 어디론가 향한다.

INSERT) 도심 낮.

비어 있는 경찰청 회의실.
유리창 너머로 정장을 입은 사내들과 제복을 입은 청장들이 어디론가 빠르게 걸어간다.

빠르게 걸어가는 다리들. 그 모습 위로…

조사관(E) 탄도 분석에서 천총경은 머리랑 가슴에 여섯 발을 맞았고, 한재호는 누운 상태에서 질식사를 당했어.

S#136

경찰청 – 취조실/취조 감시실 D / S CUT 9

조사관을 협박하여 자기가 징역을 갈지 표창을 받을지 묻는 현수. 그리고 엔딩 타이틀 불한당.

CUT 6

조사관 천팀장이 죽기 전, 잠입조원 하나가 돌아섰다고 그랬어. 근데 그 개새끼 혼자만 살아남았네? 너 우리가 어떤 결정을 내릴 거 같냐?

CUT 7

조사관의 말을 들으며 천천히 귀를 만지작거리는 현수. 그러다 픽 웃고 만다.

CUT 8

조사관 웃어?

S#136

경찰청 – 취조실/취조 감시실 D/S CUT 9

조사관을 협박하여 자기가 징역을 갈지 표창을 받을지 묻는 현수. 그리고 엔딩 타이틀 불한당.

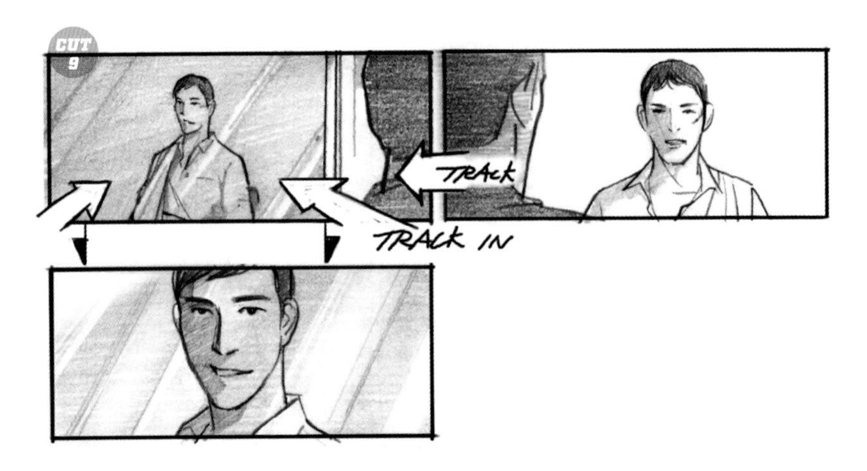

현수가 고개를 돌려 거울을 바라본다. 거울에 비친 현수의 얼굴로 카메라 서서히 줌인되면 현수가 입을 열기 시작한다.

현수 … 경찰이 불법으로 잠입을 하고 3년간 살인, 폭행, 밀수를 묵인했어요. 저는 모르지만 누군가 지시를 했겠죠. 그리고 방금 역대 최대 규모 필로폰 밀매를 적발해서 언론이고 뭐고 난리가 날 텐데… 경찰 하나만 살아남았어요…

거울에 비친 현수의 얼굴이 계속해서 줌인되어 화면을 가득 메우면…

현수 그럼 이 개새끼가 징역을 갈까요? 표창을 받을까요?

현수의 말이 끝나면 차가운 현수의 얼굴에서 순간 암전. 엔딩 타이틀.

S#137

잠입조 작업실 – 작업실 D / D CUT 12

작업실에서 사진을 보는 현수. 재호와 천인숙이 같이 있는 사진을 발견한다.

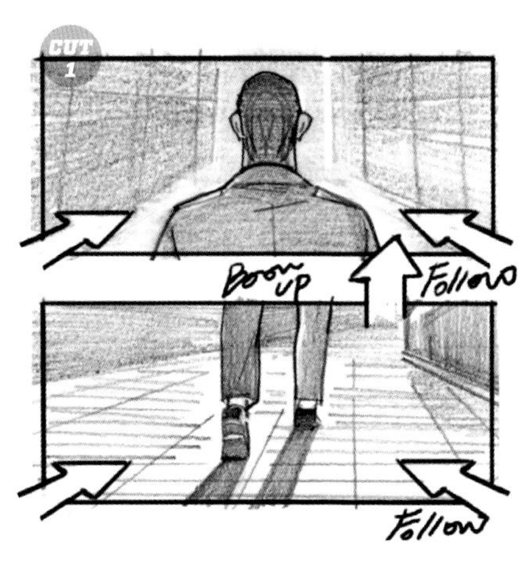

작업실로 걸어가는 현수.

계단을 올라가 잠입조 작업실로 들어선다.

예전에 비해 많이 더러워진 작업실을 가로질러 책상 앞으로 가는 현수.

박스를 열어보는 현수. 박스 안에는 서류 더미들과 함께 몇 백 장의 사진 뭉치가 들어 있다. 사진 뭉치를 꺼내는 현수의 손.

S#137

잠입조 작업실 – 작업실 D / O CUT 12

작업실에서 사진을 보는 현수. 재호와 천인숙이 같이 있는 사진을 발견한다.

사진을 보는 현수.

맨 앞에 놓인 사진은 현수가 출소할 때 재호와 장난을 치는 사진. 병철과 병갑의 사진들이 보인다.

말없이 사진을 넘기며 보는 현수.

병철과 병갑이 식당에서 밥을 먹는 사진이 보이고, 다시 한 장을 넘기면…

사진을 넘기다 갑자기 멈추는 현수. 무표정하던 현수의 미간에 주름이 잡힌다.

S#137

잡입조 작업실 - 작업실 D / O CUT 12

작업실에서 사진을 보는 현수. 재호와 천인숙이 같이 있는 사진을 발견한다.

사진 속에는 환히 웃고 있는 재호와 천팀장의 모습이 보인다.

사진을 뚫어지게 바라보는 현수.

여태껏 본 적 없이 환하게 웃고 있는 사진 속 천팀장의 얼굴로 서서히 줌인하며 암전.